LE

QUADRAGENAIRE,

OU

L'HOMME DE XL ANS.

AVEC FIGURES.

Seconde Partie.

FIGURES DE LA SECONDE PARTIE.

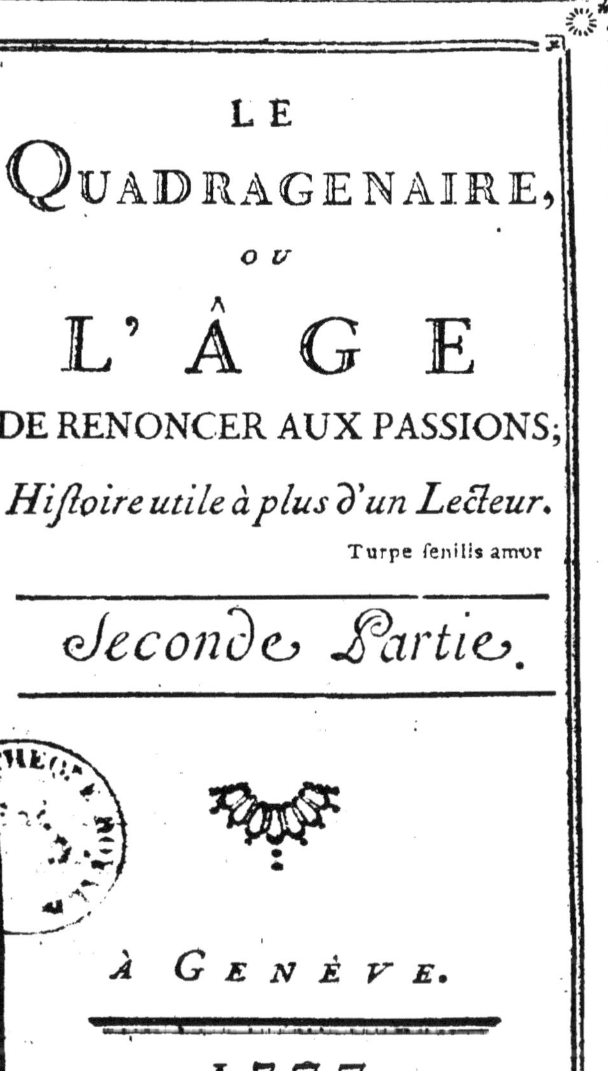

LE

QUADRAGENAIRE,

OU

L'ÂGE

DE RENONCER AUX PASSIONS;

Histoire utile à plus d'un Lecteur.

Turpe senilis amor

Seconde Partie.

À GENÈVE.

1777.

TABLE DE LA SECONDE PARTIE.

Revue des Ouvrages de l'Auteur, à la fin de cette II Partie, où se trouvent, entr'autres,

1, Une Analyse du QUADRAGENAIRE *:*

2, Les Jugemens qu'ont porté les Journalistes des deux premiers Tomes de l'Ouvrage intitulé, IDÉES SINGULIÈRES, LE PORNOGRAPHE & LA MIMOGRAPHE *:*

3, L'Analyse étendue des GYNOGRAPHES, *III Tome du même Ouvrage.*

LE

LE QUADRAGENAIRE, OU L'ÂGE DE RENONCER AUX PASSIONS.

Seconde Partie.

NEUVIÈME LETTRE.

Le QUADRAGENAIRE, *à* ÉLISE

le lendemain.

VOILA, ma chère Élise, la fin de l'Hiſtoire d'hier : Suſpendez votre jugement ſur la conduite des Perſonages : je vous en dirai la raison dans peu. Je n'ai quasi fait que tranſcrire : car vous voyez au ſtyle, que cette Hiſtoire n'avait pas été composée pour vous.

L'ILLUSION D'UN HOMME DE QUARANTE ANS.

SECONDE PARTIE.

L'EFFROI de la fauſſe Veuve, la ſurprise de Virginie, la joie de Glancé de revoir cette Dernière, & l'indignation que la vue de la Première lui causait, formaient un tableau frapant. Il ſ'aprocha de Mademoiselle F** pour ſ'en faire reconnaître, & lui témoigna le plus vif intérêt. Enſuite il ſ'informa de la Dame qui venait de fuir. Virginie répondit à ſes complimens & à ſa queſtion, en le priant de ſe trouver le lendemain chés Dangeliers, dont elle lui indiqua la demeure.

Glancé y courut ſur le-champ, & avec les tranſports les plus vifs, il lui conta comment il venait de rencontrer Celle qui était la première cause de ſa liberté. Dangeliers l'écoutait d'un air triſte. Un noir ſoupçon lui dit que Glancé alait être ſon Rival.

Il ne ſe trompait pas: Glancé adora Mademoiselle F**.

Le lendemain Virginie fut exacte au rendévous. On s'expliqua : Dangeliers raconta comment il connaissait Virginie, sans parler de son panchant : Glancé dit à Mademoiselle F**, que la Dame qu'il avait vue la veille était sa Femme : tous les torts de cette indigne Épouse furent exposés. Ils firent horreur à Virginie, & la compassion qu'elle éprouva, produisit une illusion dangereuse ; elle prit un vif intérêt pour de l'amour, parceque ce sentiment était caché au fond de son cœur. Dangeliers s'y trompa comme elle, & le poignard s'enfonçait lentement dans son sein.

A son retour, Virginie trouva la fausse Veuve occupée à changer de demeure. Elle n'était pas tentée de la retenir ; & dès le lendemain Glancé fut introduit chés Madame F**, sous le prétexte naturel de se plaindre de sa Femme, & de s'informer de la conduite qu'elle avait tenue.

Il parla de faire casser son mariage avec une Épouse qu'il ne pouvait plus voir ; il pria même la Mère de Virginie d'y disposer sa coupable Moitié : la réüssite lui parut d'autant plus facile, qu'il croyait ne point avoir eu d'Enfans. Madame F** ſ'y prêta; la Glancé répondit, qu'elle ne demandait pas mieux, & tout ſ'achemina au gré de ſes desirs. Car il eſpérait d'obtenir enſuite la main de M.lle F**, dont l'accueil ſemblait lui faire entendre, qu'il n'avait qu'à ſe rendre aimable pour être aimé. C'était l'effet de l'incertitude de Virginie, dont le cœur gêné avec Dangeliers père, n'ôsait ſ'abandonner à ſon panchant ſecret pour le Fils. Elle ſouffrait, & ne ſavait dans les bras de quî ſe jeter.

Cependant l'infortuné Dangeliers ſéchait de douleur. Il pria Glancé de lui procurer un entretien particulier avec Virginie, & gémit d'en être réduit à la médiation d'un Rival. Elle vint. Loin de diſſimuler, Virginie avoua ſon prétendu nouveau goût; elle fit plûs, elle ôsa rapeler à Dangeliers, qu'il lui avait dit plusieurs fois, qu'*il préférait ſon bonheur au ſien:* —C'eſt le moment de me le prouver, ajouta-t-elle: J'aime: loin d'être un obſtacle, favorisez mon panchant; il eſt inſurmontable. —Ah! cruelle!

s'écria Dangeliers, ignorez-vous qu'on sacrifie tout à l'Objet aimé, hors lui-même? Vous voulez que je renonce à vous, par amour pour vous! c'est l'impossible, & les deux contraires ne se peuvent allier. — J'attens de vous ce qu'on n'espéra jamais d'un Amant ordinaire. Croyez-vous m'être indifférent? Non, non; les sentimens que je conserve pour vous, ne sont pas incompatibles avec ceux que m'inspire M. Glancé: vous en seriez content, si vous saviez comme ils sont tendres & sincères: Je souffre de la peine où je vous vois, autant, & plûs que vous-même; j'ai voulu plusieurs-fois vous sacrifier mon amour... (Elle s'arrêta, & ses yeux se remplirent de larmes, en portant la vue du côté de la chambre de Dangeliers fils, qui n'était pas encore rentré). Mais, reprit-elle aubout d'un moment, je n'aurais pu vivre;.... & j'ai cru que vous ne vouliez pas ma mort—.

Dangeliers ne put répondre; il suffoquait. Virginie reprenant l'aparence de sa première naïveté, lui fit des caresses, dont l'illusion opéra pour quelques instans. —Mon

Papa, lui disait-elle, faites le bonheur de votre Fille ; il dépend encore de vous, de vous ſeul.... Je ne puis être heureuse ſans votre aveu. Un petit changement dans nos ſentimens, & les plus beaux jours vont luire & pour vous & pour mòi—.

Que ne peut pas la voix ſéduisante de ce qu'on aime ! Dangeliers, à-demi-vaincu, le donna preſque cet aveu.... Il ſ'aplaudiſſait de ſa générosité : mais les ſentimens factices ne peuvent être durables, & la nature ne propage pas ſes erreurs. Dès que Virginie l'eut quitté, ſa jalousie ala juſqu'à la rage. Il lui écrivit ſur-le-champ.

Je me rétracte, Mademoiselle. L'ivreſſe m'a fait manquer de délicateſſe ; la réflexion m'éclaire. Je puis ceſſer de vous voir ; je puis mourir ; mais non vous céder.

Virginie reçut ce Billet en présence de Glancé, dont elle ne crut pas devoir ſe cacher ; & par un effet de l'inconcevable tortuosité du cœur humain, elle fut ravie de la rétractation de Dangeliers. En le quittant le matin elle avait rencontré ſon

Fils, qui revenait d'entendre les leçons de physique de M. l'Abbé *Nollet.* Il s'était aproché d'elle, & de cet air libre & caressant que donnent l'innocence, & la candeur, il lui avait dit : —Je suis charmé de vous voir, Mademoiselle : vous quittez Papa : il était bien triste ce matin : vous avez chassé sa mélancolie. Il vous aime bien ; il m'aime, & moi je vous adore. Tous deux fesons mutuellement son bonheur & le nôtre : il ne dépend que de vous, Mademoirelle ; car à mon Papa & à moi, la volonté ne nous manque pas. —Charmant Enfant ! (avait répondu Virginie la larme à l'œil) vous m'attendrissez ! Oui, votre Papa est tranquile : & puissé-je l'être autant que vous—! En disant ces mots elle l'avait quitté ; mais si émue, qu'elle n'était pas encore bien remise, lorsqu'elle avait reçu le Billet que vous venez de lire.

Cependant Glancé, que cette Lettre instruisait, se trouva dans une étrange perplexité : Son premier mouvement fut d'être généreux : mais un coup-d'œil, peut-être involontaire de Virginie, éteignit la vertu au fond de ſon cœur : elle voulait aler à ſon but ſans regarder en arrière : ils délibérèrent enſemble, & le résultat fut le barbare complot de tromper un Bienfaiteur.

On ſait que les Femmes portent la ruse & la duplicité bien plus loin que les Hommes : Virginie ſe chargea du principal rôle ; Glancé devait ſe contenter d'affecter de l'indifférence. Cependant que fesait Dangeliers ?

Après avoir écrit le Billet, l'Infortuné ſe livra aux réflexions les plus douloureuses : —Oh ! que l'habitude du bonheur eſt douce, ſ'écriait-il, & que l'on y eſt bientôt accoutumé ! Dieu ! quel tourment, lorſqu'il ceſſe ! quel affreux ſentiment que celui qui dit à un Homme de mon âge, *Plus d'eſpoir !* Dans quel abîme me voila plongé ! Plûs elle devient indifférente à mon égard, plûs je deviens ſenſible !.... Je ne puis ſuporter ſon abſence ! Toujours occupé d'elle, je me néglige moi-même : devoirs, affaires, tout eſt oublié !.... Inquiet, tourmenté, il m'eſt impoſſible de demeurer en place ; à chaque instant je sors, je passe devant la demeure de mon Tyran : Si je la vois, je reviens plus amoureux; si elle ne paraît pas, je reviens accâblé...... Cruelle! que le bonheur momentané que tu m'as procuré me coûte cher!.... Quel poison tu fais circuler dans mes veines! quelle folie de t'avoir aimée! quel délire d'avoir cru l'être!.... Pleure, malheureux, pleure la perte de ton repos, du calme que tu avais eu tant de peine à te procurer, & celle de ta vertu!.... J'aimais la solitude; c'était un plaisir : à présent, c'est un suplice; je ne suis plus avec ce que j'aime!... Un Autre éprouve auprès d'elle ce charme qui m'a séduit.... il le lui fait partager!....; & moi, abandonné—... A ce mot, l'attendrissement fit couler ses larmes : suffoqué par la douleur, il n'acheva pas.

Cependant Virginie & Glancé, toujours d'accord, semblaient avoir l'un pour l'autre une passion réciproque. M.me F**, témoin des succès de l'affaire de la cassation du mariage, séduite par le prétendu goût de sa Fille, espérait enfin lui procurer un établissement avantageux : elle leur laiſſait beaucoup de liberté... Ils étaient ſur-le-point d'en abuser ; car on ſait, une foule d'exemple le prouvent, qu'une Fille, après la première faibleſſe, eſt auſſitôt vaincue qu'attaquée : mais (& ce ne fut ni la vertu de Virginie, ni celle de ſon Complice) un obſtacle inſurmontable arrêtait M.lle F**. Prête à céder, une image impérieuse autant que ſéduisante, la retenait ſur le bord du précipice : Elle ne revoyait pas une fois Dangeliers fils, qu'elle ne retournât, comme malgré elle, vers le Père.

Auſſi jamais, dans ſa plus grande diſſipation, elle ne l'oublia entièrement : Elle desirait ſincèrement d'adoucir ſes peines, mais ſans renoncer au plan qu'elle ſ'était tracé. En-conſéquence, elle perſuada à Glancé de favoriser lui-même quelques entrevues. Inſenſé ! qui ſe fiait à une Fille, qui pour ſe donner à lui, trahiſſait ſon propre cœur !

Virginie ſe trouva donc fort ſouvent ſeule avec Dangeliers. Et, il faut en convenir, elle ne voulait employer avec lui que les procédés honnêtes que l'amitié ſuggère : Mais un-jour, quand après avoir modéré le desespoir de son ancien Amant, elle le vit à ses genoux; qu'elle l'entendit exprimer la force de sa passion, avec cette énergie que lui donnait un cœur bien épris, elle ne fut plus maitresse de le retenir dans les bornes qu'elle s'était prescrites: ses premières chutes rendaient sa défense moins décidée; elle craignait, en y mettant de la dureté, de démentir ses discours; ... insensiblement, elle s'avança trop pour reculer. . . . .

L'illusion répandit encore une fois son charme v inqueur sur Dangeliers; il fut heureux, . . . ou dumoins, il crut l'être. Ivre de plaisir, il ne pouvait se séparer de l'Enchanteresse. Ils s'oublièrent ensemble, jusqu'à l'instant, où Dangeliers fils, revenait de ses exercices Vous vous rapelez quelles sont ses dispositions pour Virginie, & celles de Mademoiselle F** à son égard.

Le Jeune-homme rentrait ordinairement sans bruit: il ne fut pas entendu. Lorsqu'il s'aperçut que celle qu'il aimait, était avec son Père, il ne se montra point: non par curiosité, mais par discrétion; & pour ne pas troubler un entretien agréable à l'Auteur de ses jours. Mais à-peine se fut-il mis à l'étude dans son cabinet, qu'il survint une visite à Dangeliers. Il pria Virginie de passer dans la chambre de son Fils. La surprise de Mademoiselle F** fut extrême, en voyant le Jeune-homme. Elle s'informa adroitement depuis quel temps il était rentré; & lorsque par ses réponses, il l'eut tranquilisée, elle se livra au plaisir de la conversation avec le seul Objet qu'elle aimât véritablement.

—Je vais vous faire perdre un temps précieux; c'est mon seul regret (lui dit-elle); car j'ai bien du plaisir à causer avec vous. —Et moi, Mademoiselle, je regarderai les momens que je vais vous donner, comme les mieux employés de ma vie. —Peut-être aurez-vous raison. Je me trouve toujours bien avec vous. —J'ai déja remarqué, Mademoiselle, qu'on est toujours bien avec ceux dont on est aimé. —Dites, *qu'on aime.* —C'est donc pourquoi je suis si bien avec vous. —Vous m'aimez! —Je suis transporté de plaisir, quand je suis auprès de vous. —Et moi, mon cher Dangeliers.... (elle n'ôsa pourſuivre.) —Vous êtes pour moi le type de la beauté, car je ne trouve belle une autre Femme, qu'autant qu'elle aproche de vous: quand vous parlez, vous dites toujours ce que j'alais dire: vos goûts ſont les miens: je hais tout ce qui vous déplaît, naturellement, & ſans que j'y penſe; c'eſt une douce ſympathie—. Virginie ſe leva en treſſaillant. Émue, attendrie, elle prit la main de ſon jeune Amant: —Et moi auſſi, Dangeliers, j'éprouve tout cela. —Que nous ſerions heureux, ſi nous vivions toujours enſemble! —Oh! oui. —Ma charmante Sœur! —Ah! que ne *la* ſuis-je! —Je ſerais trop heureux! Mais écoutez: Papa nous aime; parlons-lui: notre bonheur ferait le ſien. —Ah! mon cher Dangeliers, dit Virginie en pleurant, il n'eſt plus poſſible. Cet entretien que nous avons enſemble, déchire le voile, & le déchire trop tard: un ſecret que je ne puis vous révéler, ſ'opose à notre bonheur. —Vous pleurez, Virginie! eh! quel terrible ſecret eſt ce donc? —Il nous ſépare pour toujours. —Je ſerai donc toujours malheureux.... à-moins..... —Ne le craignez pas ! (s'écria Virginie, qui crut lire dans sa pensée) : je ne ferai jamais rien qui m'ôte le pouvoir.... Que dis-je, Infortunée.... Il faut cesser de nous voir. Je ne reverrai, ni vous, ni votre Père. —Il faudra donc que je meure! —Non, mon cher Dangeliers : tu m'oublieras ; j'aimerais mieux mourir moi-même, que de causer ton malheur—. En disant ces mots, elle lui présenta sa main, qu'il baisa. Virginie, hors d'elle-même, en la sentant pressée des lèvres de son jeune Amant, la retira, & le reçut dans ses bras. Pour la première-fois, ce panchant destiné à nous faire sentir toute notre existance, entraîna le jeune Dangeliers. —Je vous adore (disait-il à Virginie, en lui prodiguant ces caresses timides & voluptueuses de l'inexpérience, que l'art & la débauche ne peuvent imiter) je vous adore,.... & vous voulez ne nous plus voir! .... Vous ne nous verriez plus !.... Oh! si, si ; tous les jours : je le lis dans vos yeux. —Que me demandes-tu, Enfant que tu ês ! hélas ! tu ignores.... —Je sais que je ne pourrais vivre ſans vous. —Laiſſez-moi (dit-elle en voulant ſe lever). Le Jeune-homme la retint ſur ſon ſiége. Il était à ſes genoux ; panché ſur ſon ſein, il lui tenait une main. Il avait rendu trois-fois le baiser que Virginie lui avait donné........

Mais je ſens que je vais trop loin, Éliſe. Je m'arrête. Qu'il ſuffiſe de vous dire, que la Perſone qui était venue voir Dangeliers père étant ſortie, ſans que les deux Amans ſ'en aperçuſſent, il fut témoin de la ſcène que je viens de décrire ; il entendit Virginie, dire au jeune Dangeliers : —Oui, c'eſt toi ſeul que j'ai toujours aimé : je le ſens... Que je ſuis malheureuse—! Il avait vu ſon Fils recueillir les larmes qu'elle avait laiſſé couler. Il avait vu Celle qu'il aimait prête à ſ'oublier. —Grand Dieu, ſ'écria-t-il, quelle horreur ! ... mon Fils...... Malheureux ! c'eſt moi qui les ai corrompus—! Il tomba preſqu'évanoui, & ſouhaita la mort.

Bientôt cependant, il revint à lui-même ; & tranſporté d'un ſentiment, qui n'eſt ni la jalouſie ni la fureur, mais plus pénible que tous-deux, il se fit entendre. Virginie effrayée, se leva, & sortit par la porte oposée à celle qui donnait dans son apartement. Elle s'en-ala sans le voir & sans lui dire adieu.

Dangeliers commençait à sortir de son accâblement, lorsqu'il entendit le bruit de la voiture qui remenait Virginie. Il voulut courir pour la voir & lui parler; mais le sentiment de sa douleur le fit retomber sur son siége. Son Fils entra: il aimait ce Fils comme lui-même: Il l'embrassa tendrement: Il alait lui dire: —Sois heureux: tu mérites de l'être—.... Une pensée cruelle l'arrêta; mais il composa son visage, & tâcha de prendre un air serein. Cependant un sombre nuage était dans ses yeux: le Jeune-homme s'en aperçut, & de cet air tendre & naïf qui le rendait si séduisant, il dit à son Père: —Qu'avez-vous, mon cher Papa—? Un profond soupir fut toute la réponse de Dangeliers, qui rejeta sa rêverie sur des tracasseries d'affaires.

A la première entrevue qu'il eut avec Mademoiselle F**, il lui avoua, mais avec les mènagemens

mènagemens d'un Homme délicat, toujours également épris, qu'il était instruit de ses vrais sentimens. Ensuite il ajouta : —Mon Fils m'est cher ; je l'aime plûs que moi-même, & autant que vous : mais.... vous savez.... l'obstacle.... —Je ne me défens pas, Monsieur, d'aimer.... Dangeliers,... & je sais que c'est.... sans espoir!.... Est-ce un crime que de l'aimer ? —Ma chère Virginie ! non : mais..... —Que je suis malheureuse !.. —S'il dépendait de moi... —Ah ! Monsieur, cessez—...... Virginie accâblée de douleur & de honte, se cacha le visage, & répandit des larmes......: larmes amères, bien différentes de celles qu'elle versa la première-fois qu'elle s'était trouvée avec Dangeliers & son Fils. Alors cet Homme faible, toujours trop sensible, ne sentit plus que la peine de Celle qu'il aimait : il flata sa douleur, aulieu de trancher dans le vif : indécis lui-même, entre le desir de faire le bonheur de son Fils, par l'Objet qui aurait fait le sien, & ce que demandaient la décence & son propre cœur, il semblait n'ôser éteindre un feu criminel. Ces mènagemens ne firent qu'augmenter le desespoir de Virginie. Elle résolut de faire elle-même, ce qu'elle attendait peut-être de Dangeliers. —Adieu, lui dit-elle en se levant : ne nous revoyons jamais-.

Une heure après son départ, Dangeliers Fils en reçut une Lettre, qu'il ouvrit devant son Père :

Je me suis perdue, sans le savoir, Monsieur : Je romps avec votre Père, & nous ne nous verrons plus. Il le faut pour votre bonheur, auquel je veux immoler tout au monde. Je vais chercher à me distraire : mon but est de vous oublier : je n'y réussirai pas, sans-doute, quoique je le veuille bien sincèrement : mais vous, oubliez que nous nous sommes vus. Adieu pour jamais, cher Dangeliers ; c'est pour la dernière-fois que je me permets cette expression avec vous. Que je hais votre Père ! je le hais presqu'autant que je m'abhorre moi-même. Ne devait-il pas voir que je me trompais..... Ah ! que dis-je ! comment l'aurait-il deviné ! ...... Adieu, adieu.

Après le départ, ou plutôt la fuite de Virginie, Dangeliers père avait été au desespoir : mais lorsqu'il eut parcourut cette Lettre, son cœur fut déchiré. *Plus de doute!* Quel suplice pour un Amant jaloux, que de ne pouvoir plus douter ! .... Il ne formait que des résolutions funestes : elles troublaient son imagination malade, comme les nuages du sombre décembre interceptent la lumière & attristent le jour... Enfin la raison se fit entendre : Un-peu calmé, il pleure, & s'écrie : —Il est donc vrai, qu'il n'est de bonheur que dans la vertu! Plaisirs trompeurs, insidieuses voluptés! que vos fruits sont amers ! C'en est fait ; je vous abjure : jamais, non, jamais je ne vous abandonnerai mon cœur..... Et toi, Séductrice trop aimable, je veux te fuir ; je veux me punir de t'avoir trop aimée, en me refusant jusqu'à la satisfaction d'être plaint par toi, & de te voir partagêr ma douleur..... Adieu, Virginie! adieu pour jamais—! Et ce dernier mot navra le cœur de l'Infortuné.

Il tint parole. Mais l'inconséquente Virginie ne tarda pas à revenir. Dangeliers, qui voulait se surmonter lui-même, se fit celer : il la vit s'en retourner ; & mille poignards dans son sein, eussent fait une blessure moins cruelle. —Renvoyer ce que j'aime ! (s'écria-t-il) n'y pas être pour elle !.... Ah ! je suis un tygre féroce..... Raison ! cruelle raison ! le sacrifice est-il assés grand—!.... Élise, si vous aviez aimé, vous en frissonneriez.

L'infortuné Dangeliers, comme si ce n'eût pas été assés de sa douleur, souffrait encore de celle qui consumait son Fils. Il lui avait fait une défense absolue de parler à Mademoiselle F**, & le Jeune-homme obéissait.... Il obéissait.... je n'aurais pas été capable à son âge de tant de vertu. Une longue absence guérit l'amour ; mais qu'il en coûte pour de pareilles cures ! il faudrait l'avoir senti, pour s'en former une idée : & quand elle est courte, elle ne fait que l'embrâser davantage. Virginie, Dangeliers, & son Fils en ont fait l'expérience.

Cependant Glancé ignorait tout ce qui se passait. Mademoiselle F** ne le traitait ni mieux, ni plus mal, quoiqu'après l'émotion légère de la première rencontre; elle ne sentît plus pour lui qu'une parfaite indifférence. Il l'adorait : mais il ne savait pas aimer comme Dangeliers père : Eh! qui jamais aima comme cet Homme sensible! Quand Virginie n'aurait pas eu dans le cœur un insurmontable panchant, Glancé aurait été un Rival peu redoutable. Tout ce qui parlait en sa faveur, c'est que Mademoiselle F** voulait se lier, mettre une barrière entre elle & sa passion, & tâcher de demeurer dans l'indifférence.

Mais on perdit alors l'espérance de faire casser le mariage de Glancé : l'Épouse de ce Jeune-homme, informée de ses vues pour Virginie, ayant cessé de donner les mains à une rupture parfaite, qui pouvait rendre heureux un Mari qu'elle détestait. Ainsi la courte illusion qui avait égaré Virginie, fut sans fruit pour elle, & la laissa dans un caos d'idées, dont il lui fut impossible de sortir. Madame F** n'en fut pas plutôt informée, qu'elle fit entendre à Glancé, qu'une plus longue familiarité deviendrait indécente; elle l'éloigna: & vous sentez; d'après les dispositions de sa Fille, qu'elle ne devait pas être contrariée.

Virginie s'efforça pour-lors de devenir coquette: elle avait perdu cette délicatesse & cette pudeur native que donne l'innocence; elle agaça les Amans que lui donnait sa beauté: une foule d'Êtres inutiles, avides de plaisir, s'attacha sur ses pas. Sa réputation en souffrit, & Dangeliers aprit des premiers le tort qu'elle se fesait. Ce n'était pas encore assés; la fausse Veuve lui ayant fait parler, elle eut la bizarrerie de renouer avec elle. Cette Femme vicieuse, ayant regâgné la confiance de Madame F**, elle engagea Virginie dans des parties équivoques, dont cette Jeune-persone, il faut l'avouer, ne connaissait pas tout le danger; mais auxquelles elle se prêtait avec la plus grande imprudence.

Cependant Glancé cherchait à se venger d'une indigne Épouse, qui, non contente de le rendre malheureux, voulait encore le tenir lié avec une Infâme (car c'est le nom qu'elle méritait). Un-jour l'Espion qu'il avait mis ſur ſes traces, le fit avertir qu'il venait de voir entrer chés une Femme ſuſpecte, deux Dames, dont ſa Femme était une. Auſſitôt Glancé ſe fait accompagner d'un Commiſſaire, & ſe rend à l'endroit indiqué. Mais avant que vous ſachiez ce qu'il y trouva, disons un mot de Virginie.

Depuis quelques jours, la fauſſe Veuve la preſſait de rendre visite à Madame *De-G*** une de ſes Amies, chés laquelle on trouvait la plus aimable ſociété. Virginie l'y avait accompagnée. Il ſ'y était effectivement rencontré deux Jeunes-perſones fort-jolies, & trois ou quatre Hommes, qui paraiſſaient de la bonne compagnie. L'Inconnu de la partie des grands-boulevards en était un. La ſéance ſ'était paſſée d'une manière honnête, & très ſatiſfesante pour Virginie, à laquelle on avait prodigué les attentions & les préférences les plus marquées. Sa Corruptrice qui connaiſſait toute l'étourderie & l'inexpérience de la jeune F**, ne desespérait pas de la rendre bientôt auſſi mépriſable qu'elle-même. Elle l'avait dit à ces

Inconnu dont je viens de parler, qui avait depuis longtemps des prétentions ſur Virginie ; elle l'avait flaté d'un ſuccès facile, & peu diſpendieux. Elle ſe proposait de triompher alors, & du Philosophe qui l'avait méprisée comme elle le méritait, lorſqu'il avait ſu la conduite qu'elle avait tenue avec ſon Mari, & de ce Dernier, qui était devenu amoureux de Virginie. Il n'en faut pas tant pour exciter juſqu'à la frénésie la haîne d'une Femme offenſée.

Une ſeconde visite chés Madame De-G** ne fut pas moins agréable à M.lle F** : On n'y tint que des propos décens ; on y parla musique & ſpectacles ; la fauſſe Veuve en prit occasion de faire admirer la voix de Virginie, qui l'avait douce & gracieuse : Madame De-G** la fit accompagner par une de ſes Demoiselles qui touchait du clavecin ; de-ſorte que Virginie enivrée de louanges, ſe promettait mille agrémens de cette nouvelle ſociété. Sa coquetterie était flatée d'ailleurs de voir que tous les hommages ſ'adreſſaient à elle. On lui en rendait des plus marqués, & quelquefois

l'Inconnu

l'Inconnu alait quelquefois un-peu loin : mais comme il s'arrêtait dès qu'elle le voulait absolument, elle demeura sans défiance.

Ce fut à la cinq ou sixième séance dans cette honnête maison, que, restée seule avec deux Hommes dans une première pièce (l'Inconnu, qui ce jour-là peut-être avait ses desseins, n'était pas encore arrivé) Virginie y vit entrer Glancé, le Commissaire & sa suite. Elle prit l'Homme en robe pour un Avocat, & les autres, assés mal en ordre, pour d'anciennes Connaissances que Glancé pouvait avoir faites durant sa détention. —Mondieu ! mon cher, lui dit-elle naïvement en courant à lui, votre Femme est-là-dedans ; vous l'ignorez sans-doute ; ne vous montrez pas, & retournez-vous-en—. Glancé demeura immobile d'étonnement de rencontrer Virginie en pareille maison. La manière dont elle lui parlait, & la connaissance qu'il avait de son caractère, le mit tout d'un-coup au-fait, & lui fit voir qu'elle était trompée : mais il n'en était pas moins au desespoir de la trouver mêlée dans une affaire si desagréable. Il ne répondait pas. Le Commiſſaire qui avait une toute-autre idée de Virginie, lui dit : —Si, ma Fille, Monſieur ſait très-bien que Madame Glancé eſt ici ; nous y venons pour elle, & par la même occasion pour vous—. La liberté de cette expreſſion, *ma Fille*, ſurprit étrangement Mademoiselle F**. Elle demeura interdite. —Mais parlez-moi donc, Monſieur ! dit-elle enfin à Glancé. —Sortez, Mademoiselle, d'un lieu qui n'eſt pas fait pour vous ; je ne ſaurais vous en dire davantage à-présent—. En-même-temps il la prit par la main pour la conduire. —Non-pas, ſ'il vous plaît, dit le Commiſſaire ; je ne ſaurais permettre qu'une ſeule de ces Déeſſes nous échape—. Ce langage étonnait de-plûs-en-plûs Virginie ſans l'inſtruire. Mais elle ne tarda pas à connaître dans quelle horrible ſituation elle était, lorſqu'on ſ'adreſſa à la Glancé, qu'on l'interrogea, & que la Madame De-G** toute effrayée vint ſ'expliquer. Le procès-verbal fut bientôt dreſſé. La Glancé y chargea Virginie des mêmes horreurs dont elle était elle-

même coupable ; & la G** qui comprit qu'une Fille honnête trompée, rendrait ſon affaire plus mauvaise, dit comme la Glancé. Virginie fut raillée par deux ou trois Malheureux ſur ſes larmes, & quoique Glancé pût dire & faire, elle fut conduite avec toutes les Habitantes de la maison à l'endroit ordinaire.

Glancé était au deſeſpoir de cette cruelle avanture. Il courut d'abord chés Dangeliers, pour l'inſtruire, & chercher enſemble le remède à un ſi grand malheur. Le Philosophe, dans le premier moment, ne pouvait penſer ; un tourbillon d'idées déchirantes l'aſſaillit, il balbuciait : tantôt il voulait voler où était Virginie ; un inſtant après recourir au Magiſtrat ; enſuite tranſporté de fureur, il reprochait à Glancé ſon imprudence, & voulait aler accâbler de reproches le Commiſſaire. Enfin il ſe calma. Il fut avec Glancé chés la Mère de Virginie : ils prirent le tempérament le plus doux pour émouſſer le coup qu'ils lui alaient porter ; ils avaient besoin d'elle : mais tous leurs mènagemens furent inutiles. Madame

F**, à peine inſtruite, fit un cri perçant, & ſ'évanouit. Ce malheur inattendu devait lui causer la mort : mais auparavant, elle eut la force de ſigner les placets.

Dangeliers & Glancé firent toutes les démarches avec une promptitude qui ne leur permettait pas de prendre le moindre repos. Cependant ils ne purent empêcher que Virginie ne reſtât quelques jours parmi les Malheureuses auxquelles on l'aſſimilait. Elle ſouffrit de leur part toutes les inſultes que peut inſpirer la rage à des Forcenées, qui voyaient le mépris qu'elle avait pour elles, & qui d'ailleurs étaient excitées par la fauſſe Veuve. Les choses alèrent ſi loin, qu'on fut obligé de la ſouſtraire à leurs mauvais-traitemens. Pour comble de malheur, ce fut dans ce ſéjour d'ignominie, qu'elle ſ'aperçut .... qu'elle devait être mère.

C'était à Dangeliers ſeul qu'elle pouvait & voulait ſ'en ouvrir : Mais par une fatalité qui la pourſuivait, depuis qu'elle ſ'était écartée du chemin de la vertu, la Lettre tomba entre les mains de ſa Mère, qui était mourante. Ce dernier trait, qui prouvait à

Madame F** qu'elle avait toujours été trompée par ſa Fille, & qui peut-être lui fit croire une partie des horreurs qu'on lui imputait chés la G**, la précipita dans le tombeau. Cependant la Lettre fut rendue à Dangeliers.

Mon malheur eſt au comble, Monſieur. En a-t-on jamais vu un pareil au mien ?... Mais j'ai tort de me plaindre ; j'ai commis d'autres fautes réelles, & j'en ſouffre la peine. J'implore votre pitié ; non pour moi ; je ne la mérite pas ; mais pour un autre vous-même. Ah Dangeliers ! était-ce ici, était-ce après mes égaremens, que je devais vous annoncer !....

Adieu ; ſi ce que j'écris n'en dit pas aſſés au cœur de mon ancien Ami, je n'ai plus qu'à mourir. VIRGINIE F.**

A la lecture de ce Billet, le ſenſible Dangeliers verſa un torrent de larmes : mais elles n'étaient pas auſſi amères qu'auparavant ; un charme ſecret en tempérait l'amertume. Il redoubla d'efforts pour obtenir la liberté de Mademoiselle F**, & il employa tant de monde, qu'il réüssit.... Dans la même journée, Virginie sortit du séjour de la honte, & sa Mère fut portée au cercueil.

Dans l'abandon général où se trouvait une Fille de son âge, sans Parens, Dangeliers fut un consolateur aussi ardent qu'utile. Tous les torts disparurent; il ne vit que les malheurs, & ne négligea rien pour les réparer: occupé d'elle-seule, il s'oubliait lui-même: quelquefois seulement il pensait, —Elle sera mère—! & cette idée fesait tressaillir son cœur: mais il n'aprofondissait pas davantage.

Enfin, Mademoiselle F**, à-demi-échapée au deshonneur, parut un-peu calmée: Dangeliers avait arrangé toutes ses affaires, & les soins qu'il venait de prendre, avaient suspendu le sentiment de ses propres peines: Mais dès qu'il fut devenu tranquile, & qu'il put observer, il crut s'apercevoir que les dangereuses leçons de la Glancé avaient entâmé l'âme de sa trop facile Amie. Elle lui parut oublier promptement une Mère tendre, parce qu'elle rechercha les plaisirs.

Alors Dangeliers envisagea pour la première-fois l'incertitude d'un bonheur, dont il ne s'était que confusément flaté : le doute empoisonna sa dernière ressource, l'espérance de tenir à Virginie par ce lien sacré, qui donne aux autres toute leur force. Eh! le crime peut-il jamais être le père du bonheur ! c'est l'ordre qui le produit, & le desordre, quel qu'il soit, n'amène qu'un plaisir passager & menteur. Cependant l'Inforfortuné se trompait sur les dispositions de Virginie; elle recherchait moins les plaisirs qu'elle ne se fuyait elle-même, & l'Objet trop aimable d'une passion involontaire.

Tant que l'état de Virginie ne fut pas aparent, elle se répandit au dehors: Glancé qu'elle avait d'abord banni comme la cause de son malheur, obtint son pardon, parce qu'elle voulait Quelqu'un d'indifférent pour la conduire ; qu'il lui falait de la dissipation, & qu'elle n'ôsait plus se livrer aux Femmes: l'amour & l'ennui la tourmentaient dès qu'elle était seule : Après la perte de l'innocence, on se fait mauvaise compaguie, & l'on craint de rentrer en soi-même.

Cependant la fauſſe Veuve, ainſi que la G**, trouvèrent moyen d'échaper au ſort qu'elles méritaient. Elles furent remises en liberté, le jour que leurs Pareilles ſubiſſaient leur jugement; & la Première n'en profita que pour chercher à faire de nouvelles ſcélérateſſes.

Sa haîne pour Virginie, qui lui avait reproché de l'avoir précipitée dans l'abîme, ne connaiſſait plus de bornes, depuis que cette Dernière était ſortie d'un endroit où elle avait été oubliée. Auſſi ne négligea t-elle rien pour achever de la perdre d'une manière ſûre. Elle y employa les moyens les plus indignes, & dont il était le plus difficile de ſe défier. Mais avant que d'en venir-là, elle voulut mortifier ſa Victime de toutes les manières: elle fit écrire à Dangeliers des horreurs contre Virginie. La mélancolie de l'Infortuné lui fit avaler à longs traits le poison qu'on lui préſentait. Le malheur voulut qu'il oubliât de brûler ces Lettres: Son Fils les lut; & loin d'en faire myſtère à ſon Père, il profita de l'occaſion, pour prendre le parti de Virginie.

Dangeliers vit dans la chaleur avec laquelle il la défendait, l'excès du criminel amour de ce Fils ſi chèr, & il en fut plus malheureux. Ainſi trois Perſones étaient également à plaindre par les intrigues d'une méchante Femme.

Tandis que le Père & le Fils étaient dans cette ſituation, qui les rendait réſervés dans leurs démarches ; il ſe présenta un Parti de la plus belle aparence, qui recherchait en mariage Mademoiselle F**, à laquelle une Intriguante fit entendre qu'il falait du ſecret & de la promptitude. Virginie (& vous l'avez remarqué ſans-doute, Élise) avait été criminelle, ſans être vicieuse ; entraînée par les circonſtances, trompée par ſon propre cœur, le mêlange de deux ſentimens, le reſpect & l'amour, l'avait portée plus loin que n'eût fait l'amour ſeul : Elle était vertueuse : & ce fut par vertu, qu'elle résolut de ſ'arracher pour jamais au panchant le plus cher. Si Dangeliers Père avait été libre, elle aurait fait ce ſacrifice avec lui : mais il ne l'était pas encore, & perſone ne pouvait ſavoir qu'il touchait à cet inſtant décisif.

L'Homme qu'on lui proposait, affectait les sentimens les plus nobles; il y mettait même une sorte d'ostentation maladroite, qui aurait frapé Mademoiselle F**, si l'honnête Dangeliers ne l'avait habituée depuis long-temps à croire à la générosité excessive. Les accessoires du mariage furent précipités; la fausse Veuve, qui servait l'Inconnu son prétendu Parent, ayant eu soin de tout aplanir. L'on était à la veille de la célébration; il y avait des ordres secrets, qui devaient être exécutés un instant après: Virginie, qui ne cherchait qu'à s'étourdir elle-même, avait presque oublié la situation où elle se trouvait; ou plutôt elle avait toujours été si obsédée par la fausse Veuve & par l'Inconnu, avec lequel elle avait contracté une sorte de familiarité chés la G**, qu'elle n'avait pas encore eu la liberté de parleren particulier à son Prétendu. Mais enfin l'aproche de l'instant décisif la rapela à elle-même: Elle demanda un entretien à M. Du-Gourot (c'était le nom qu'on fesait porter à son Amant.) Ils passèrent ensemble dans une pièce voisine.

—Monsieur, lui dit Virginie je suis reconnaissance des sentimens obligeans que vous me témoignez; & ce serait bien mal y répondre, si j'avais quelque réserve pour vous. J'ai un aveu pénible à vous faire : j'ai aimé quelqu'un avant vous. —Qu'importe, Mademoiselle ! —Il faut vous avouer, que je n'ai pas résisté comme je le devais.... —La fin de tout ça ? —J'ai succombé. —Le beau venez y voir ! (En cet endroit, Virginie entendit rire la fausse Veuve & son prétendu Parent : mais elle était loin d'imaginer qu'elle en fût entendue. Elle continua:) —Je suis.... enceinte.... de six mois. —Vertubleu ! vous savez bien cacher ça ! il n'y paraît mordié pas ! ... Soyez en repos : Je savais tout ça, ou je m'en doutais : ça ne dérange rien—. (Pendant cette réponse, on parlait vivement dans la chambre où était la fausse Veuve avec son prétendu Parent.) Virginie rentra. En la voyant, l'Inconnu prit un air ironique, & lui fit des complimens qui étaient une satyre cruelle ; mais elle ne les comprit pas. La fausse Veuve la persiffla avec aigreur. Cependant l'heure aprochait ; on devait aler à l'église à minuit ; il était onze-heures. Virginie éprouvait un trouble inexprimable ; elle l'attribua à sa malheureuse passion. Dans un instant où elle rentrait, après une courte absence, elle entendit son Prétendu, qui répondait à l'Inconnu : —*Tout ce qu'il vous plaîra ; vous serez content ; laissez-moi faire*—. Virginie s'était arrêtée pour écouter : l'Homme continuait à parler : —*Aussi bien ça m'aurait fait mal au cœur de ne pas tâter à un gâteau si friand*—; quand la fausse Veuve lui toucha sur le bras, & l'empêcha de continuer. Mademoiselle F** demeura dans un étonnement stupide : cependant elle ala à l'autel sans résistance.

Le mariage se fit, & les Dangeliers ne l'aprirent que le lendemain

Il serait trop difficile de vous peindre la situation du Pere & du Fils à cette nouvelle ; je ne l'entreprendrai pas. Le Premier fut persuadé que Virginie avait toujours été fausse ; que cet Amant, subit en aparence, était connu depuis longtemps, mais que des raisons l'avaient obligé de se tenir à l'écart ; & que pouvant paraître enfin, il venait de triompher : Le Fils devina plus juste : peut-être parcequ'il avait eu un entretien ſecret avec Virginie. Dangeliers père courut repandre ſa douleur dans le ſein de Glancé. Ils ne comprenaient rien à ce qui venait d'arriver, & déja ils ſ'abandonnaient aux plus extravagantes conjectures, lorſqu'ils reçurent ce Billet, adreſſé à Glancé par un Inconnu :

*Ne ſoyez point ſurpris, Monſieur, du mariage que Mademoiselle F** vient de ſaire ; quoique l'Objet de ſon choix ne ſoit qu'un Malheureux ſans état, il a reçu quelqu'éducation, & n'a fui de ſon village, où il fesait la fonction de Sergent, & labourait la terre, que pour un faux, qui lui aurait abregé le chemin de la fortune, ſ'il avait été plus adroit. Aureſte, Mademoiselle F** a cru ſa conſcience engagée à donner à l'Enfant qu'elle porte, ſon véritable Père. C'eſt le motif qui l'a déterminée, & dont je veux bien vous inſtruire pour elle.*

Le papier tomba des mains de Glancé, en achevant cet abominable Billet. Dangeliers le ramaſſa, & le relut cent-fois ; il ne l'aurait jamais quitté, ſi ſa douleur, qui redoublait à chaque lecture, ne l'eût enfin rendu incapable de voir & d'entendre. Il tomba dans un accâblement ſtupide ; il ne répondait rien à Glancé, dont les exclamations fréquentes marquaient toute la ſurprise & toute la douleur. Enfin un mot le frapa : Glancé, après une rêverie profonde, ſ'écria : —Mon Ami, mon Ami ! Virginie a été trompée ; on l'a jouée, & nous avec elle : je ſoupçone une trame odieuse...... je ſoupçone ma Femme..... Éclairciſſons-nous. —Oui, répondit Dangeliers, comme en ſ'éveillant, éclairciſſons-nous ; & malheur, mille-fois malheur ſur quî l'aura trompée—!

Ils ſe rendirent auſſitôt chés Virginie, où le jeune Dangeliers les accompagna. Mais quel ſurcroît de douleur, lorſqu'en y arrivant, ils aprirent que ſon Mari venait de la faire partir avec lui pour ſon village ! L'Infortunée n'était pas encore inſtruite.

Ils tinrent conſeil ſur ce qu'ils avaient à faire. Dangeliers père fut incapable de prendre un parti ; ſa douleur lui troublait la raison. Dangeliers fils était d'avis de ſuivre les nouveaux Mariés, pour ſavoir aumoins, quel était le ſort de leur Amie. Mais Glancé représenta qu'il falait différer un-peu, afin de ne pas avoir l'air de les pourſuivre : & le Père & le Fils, malgré leur impatience, furent obligés de ſe rendre.

Mais tandis que Virginie ſ'éloignait, le Mari de Celle qui l'avait perdue, résolut de punir de ſes forfaits une indigne Épouse. Il n'était besoin pour cela, que d'éclairer ſa conduite, & d'en mettre au grand jour toute la turpitude. Il chercha donc ſa Femme.... où il devait la trouver.

Dès le même jour, il ala chés la G**, qui lui parut brouillée avec ſa digne Compagne; car elle lui rendit juſtice. Les jours ſuivans, il parcourut toutes ces demeures infâmes, où le vice réduit en métier, a posé le maſque, & ſe montre à nud ; ou d'infortunées Créatures, acharnées les unes contre les autres, paſſent tour-à tour des querelles & des coups, à des careſſes effrénées, & achèvent entr'elles de ruiner ce que les Hommes ont ravagé...... Quels tableaux! ſ'il était permis de les exposer au grand jour, ils feraient friſſonner.....

[*L'Éditeur a cru devoir retrancher trois tableaux qui ſe trouvaient ici, comme trop affreux, quoiqu'ils fuſſent une image de ce qui ſe fait tous les jours dans les Lieux infames, & qu'ils euſſent pu contribuer a détourner certaines Filles, & les Hommes même, de chercher dans ces Repaires de la débaûche, les Premières, une reſſource plus triſte que tout le mal qu'elles pourraient éprouver ailleurs, les Seconds une dégoûtante & dangereuse volupté. Il renvoie au Tome I des* IDÉES SINGULIÈRES, *intitulé,* LE PORNOGRAPHE.]

Tandis que Glancé cherchait ſa Femme, pour la faire punir, ou la retirer du vice, Dangeliers père ſ'affligeait ſur le ſort de Virginie. Chaque ſoir il paſſait devant la demeure de cette Fille chérie; il ſ'y arrêtait, il contemplait longtemps cette maison, pour lui le temple de l'amour, & l'attendriſſement qu'il éprouvait, les déchiremens de la douleur étaient une ſorte de volupté, dont il était encore avide. Il avait composé ſur ſon Avanture une *Romance*, dont le chant aurait ému les plus indifférens;

rens ; il la chantait ſous les fenêtres de l'Infortunée ; il la répétait en fondant en larmes. La nuit, ſon repos était laborieux & pénible, il la revoyait en ſonge, mais naïve, innocente : il recevait..... image ſéduisante!..... il croyait recevoir quelquefois un de ces baisers, dont l'inexprimable douceur.... Il ſ'éveillait alors ; & une brûlante amertume abreuvait ſon âme ; tout le plaisir du menſonge ſe changeait en une vérité de douleur & de deseſpoir.

—Pleure malheureux, ſ'écriait il, pleure! ta Virginie eſt perdue pour toi ; elle l'eſt pour elle-même, & ſans-doute ſon malheur eſt ſans mêlange! Virginie! Virginie! ah pourquoi vous ai-je connue! pourquoi vous ai-je ſéduite, égarée! pourquoi ne vous ai-je pas ſervi de guide & de Père comme je me l'étais promis! pourquoi ai-je mis un éternel obſtacle entre mon Fils & vous! O misérable que je ſuis! j'ai détruit le chef-d'œuvre de la nature! j'ai ſouillé l'Image de la Divinité! Elle n'a pu ſe retirer du goufre où je l'ai plongée! Puiſſances céleſtes, puniſſez-moi! puniſſez-moi par pitié ; j'en ſerai moins malheureux—.

C'était ainſi que tous les matins ſ'éveillait l'infortuné Dangeliers ; il pouſſait des ſoupirs & des ſanglots ; ſes cris étouffés devenaient un mugiſſement capable d'effrayer. Il ne connaiſſait pourtant pas encore tout l'excès des malheurs de Virginie. Mais bientôt, il n'aura plus de doute. En atttendant ce nouveau ſurcroît de peines, il avait à ſuporter la douleur concentrée de ſon Fils: Cet aimable Jeune-homme deguisait les marques de ſon deseſpoir ; mais il déperiſſait. Enfin un matin, il diſparut. Son Père, ennuyé de ſa longue abſence, entra dans ſa chambre, & trouva ſur la table une Lettre que voici :

Mon très-cher Père ; ne vous affligez pas de mon abſence : Elle n'a pour cause, que l'envie de faire ceſſer la douleur où je vous vois plongé. Je pars pour m'informer de Virginie, ſans la compromettre. Dès que j'en aurai des nouvelles, vous me reverrez pour vous en faire part. Je veux lui parler & ſavoir de ſa propre bouche tout ce qui la concerne. Je ne manquerai de rien dans mon voyage, & l'envie de réussir suspend en moi tout autre sentiment.

Je suis avec le plus profond respect, &c.

Une démarche de cette nature n'était guère propre à calmer les inquiétudes d'un Père pour un Fils si cher. Il se disposait à voler sur les pas du jeune Dangeliers, lorsqu'il fut retenu à Paris par la mort de son Épouse, & par la catastrophe que je vais raconter. Madame Dangeliers, privée de sa raison depuis près de dix-huit ans, finit sa déplorable vie : & la Glancé, entièrement abandonnée par le Duc de ***, eut enfin le sort qu'elle avait cherché.

Son Mari ne fesait depuis plusieurs jours que des démarches inutiles pour la découvrir. C'était encore à l'infortuné Dangeliers qu'était réservée la scène affseuse que je vais raporter. Un soir, qu'il passait devant la rue Jeansaintdenis, il entendit une grande rumeur. Il s'aprocha : c'était une Femme que deux Domestiques du Duc de *** venaient de faire enivrer, après l'avoir humiliée de la manière la plus brutale, pour l'exposer ensuite aux huées de la Populace, qu'ils excitèrent à l'accâbler d'injures, & à la couvrir de boue. (Vous ignorez quel plaisir ont des Valets, à dégrader une Femme qui a eu la familiarité de leur Maitre). Les Enfans la tiraillaient par les lambeaux de ses habits couverts d'ordures; les plus Brutaux lui donnaient des coups violens, & ne l'aidaient à se relever à-demi, que pour la faire retomber; son visage était absolument méconnaissable, tant il était meurtri & souillé. Dangeliers s'aprocha : il écarta par la douceur cette Canaille forcenée, & parvint à faire échaper la triste Victime de leur amusement inhumain. Il la suivit. A quelques pas, elle s'arrêta épuisée. —Vous vous mourez—? lui dit-il. Elle fit un geste de desespoir. L'Homme compâtissant l'aida à se traîner jusqu'à sa demeure.... C'était un lieu qu'on ne peut nommer. L'Infortunée y fut reçue par deux Compagnes, qui la deshabillèrent, non sans beaucoup rire de l'état où elle était, & qui la mirent au lit. Dangeliers, à l'écart, croyait reconnaître cette Femme; il cherchait à l'envisager, aumoins à l'entendre : Elle ne prononça pas une parole, & lorſqu'elle fut apropriée, elle ſe cacha le visage. Ses Camarades néanmoins la queſtionnaient aſſés rudement : elle ne répondait que par des ſoupirs. Dangeliers vint auprès d'elle, & demanda à la voir. Elle ſ'y refusait : mais ſes deux Camarades la retournèrent brutalement, & montrèrent à découvert.... la Glancé.

Dangeliers recula d'horreur. —O Infortunée! ſ'éria-t-il, eſt-ce donc là votre ſort—! Il ne put en dire davantage, tant la ſurprise, l'indignation, le reſſouvenir de ſes peines, que la présence de cette Femme renouvelait, l'affectèrent douloureusement. Il demeura quelques momens immobile, & comme anéanti. Revenu à lui-même, il tira ſa bourſe, & la donna imprudemment aux Compagnes de cette Malheureuse, en les priant d'aler lui chercher les ſecours dont elle avait besoin. Mais ces deux Femmes, tentées par la modique ſomme qu'elles avaient entre les mains, résolurent de la garder, & ſ'alèrent cacher dans une *ta-*

bagie, où elles se mirent à boire des liqueurs. Dangeliers les attendit plus d'une heure, qu'il employait à questioner la Glancé. Cette Infortunée ne lui répondit rien d'abord, & soupirait profondément. Enfin, elle lui dit : —C'est R*** qui m'a plongée dans le malheur. —Comment R*** ! le meurtrier de votre Sœur, & notre plus cruel ennemi. —J'ai eu la faiblesse de l'écouter ; il m'a séduite à l'aide de la Prétair. Mais bientôt dégoûté de moi, il m'a abandonnée à ses Valets, qui, après m'avoir outragée, m'ont, à mon insçu, mis en société avec ces deux Prostituées que vous venez de voir : je suis forcée d'y rester depuis huit jours, n'ayant pas d'autre asile—. Dangeliers vit bien que cette Ame vile cherchait encore à surprendre sa pitié, par un récit peu exact, quoique vrai au fond ; il la quitta pour retourner chés lui prendre de l'argent, & en-même temps avertir Glancé de sa triste découverte.

Ils revinrent ensemble : mais pendant la courte absence de Dangeliers, il était arrivé bien du changement : La porte de la chambre de la Glancé se trouva fermée, & persone ne répondit à leurs coups redoublés. Ils entendirent seulement un Enfant qui pleurait. Les deux Amis furent obligés de s'adresser au Commissaire pour faire ouvrir. Ils virent alors, avec surprise, que la Mourante était disparue: Ils trouvèrent couchée dans une sorte de berceau que recouvrait une vieille tapisserie, une petite Fille, âgée de six mois. Ils surent depuis que les deux Camarades de la Glancé étaient rentrées, après que Dangeliers avait été parti; qu'elles avaient effrayé la Moribonde, en lui disant, qu'on alait la faire arrêter; que Celle-ci les avait priées de la faire porter à l'Hôteldieu; qu'elles lui avaient donné-là une petite partie de leur vol; qu'elles avaient jugé à-propos d'abandonner la petite Fille, qui était à la Malade; & qu'enfin, comme il n'y avait rien à elles dans la chambre, elles avaient été loger ailleurs.

La Glancé survécut à peine quelque jours à la cruelle avanie que les Domestiques du Duc de*** lui avaient fait essuyer. La Populace l'avait blessée dangereusement, en la fesant tomber. Elles mourut dans de grandes souffrances, & presqu'abandonnée des Sœurs, qui la connurent aisément pour ce qu'elle était. On a su encore dans la suite, que le Duc n'avait pas ordonné toutes les indignités qu'on lui avait fait souffrir; mais que ses Gens, d'eux-mêmes & pour se satisfaire, avaient porté l'inhumanité au dernier excès: ils trouvaient un plaisir barbare, à dégrader une Femme qu'ils avaient vue brillante, chérie, adorée, & qui peut-être leur avait commandé avec hauteur.

En mourant, l'infortunée Glancé n'avait pas avoué son vrai nom; c'était la dernière marque de haîne, qu'elle donnait à son Mari: mais Glancé découvrit ce qu'elle était devenue, malgré cet artifice, par le moyen de l'Hôtesse, qui tenait la maison où elle avait demeuré. Cette Femme, à laquelle il était dû, & qui s'était emparée des meubles, fut obligée de s'assurer du sort de sa Locataire; elle acquit les lumières dont elle avait besoin, par des Filles du même acabit que les Compagnes de la Glancé, trouva ces Dernières, & se fit raconter

conter comment tout s'était passé. Le Mari de l'Infortunée paya ses dettes sans examen, prit soin de l'Enfant, dont il constata la naissance, ainsi que la mort de sa Mère, & termina toute cette affaire en deux jours. Dans peu, vous saurez quelle est la petite Fille dont je viens de parler. Voila, mon Élise, comme a fini Celle qui avait causé le malheur de Virginie.

Le sort de l'infortunée Mademoiselle F** n'était guère moins funeste. Son Mari, ou plutôt le Bourreau auquel on l'avait livrée, l'avait emmenée dans un village écarté du Berri, dont les deux Amis savaient le nom. Ils étaient loin d'imaginer ce qu'elle avait à y souffrir, puisqu'ils n'avaient point encore reçu les nouvelles que Dangeliers fils avait promises : Cependant, aussitôt qu'ils se virent libres, Dangeliers père & Glancé ne différèrent pas un moment de s'y rendre ; mais avec toutes les précautions que peut suggérer la prudence : elles étaient devenues encore plus nécessaires par la démarche de Dangeliers fils, dont ils ignoraient les suites. Ils arrivèrent à *Migé* un samedi à la chute du jour. Ils entrèrent dans un misérable cabaret, où on ne leur promit que de la paille pour se coucher : les Hôtes n'avaient pas eux-mêmes d'autre lit. Le lendemain, plusieurs Paysans vinrent boire, & à-travers leur bruyante conversation, Glancé entendit parler de Virginie & de son Mari.

—Trop est trop (disait un d'eux, en son grossier patois) : Elle a voulu s'en-aler ! la belle-merveille ! il la roue de coups, & la fait travailler à choses qu'elle ne sait pas faire. Elle n'ira jamais à terme déja ; & M. le Curé l'y a dit l'autre jour, que s'il la blessait, qu'il verrait à quî il arait affaire : Et il a répondu comme-ça à M. le Curé, Si ce n'était pas qu'il était aussi amoureux d'elle ? M. le Curé l'y a dit, Qu'il y avait mis bon-ordre, & que la pauvre Femme n'était plus dans le cas que persone eût de mauvaises-pensées à son sujet, tant elle était défaite : mais qu'il prenît garde. Et là-dessus il s'en est en-alé chés lui comme un brutal, où il l'a tant batue, tant batue, qu'il l'aurait tuée, si les Femmes ne l'y avaient pas ôtée des mains : & elles vous l'ont rossé, mais rossé, qu'il ne pouvait plus mettre les pieds l'un devant l'autre: mais dès qu'il va pouvoir se lever, il la va tuer, d'abord: & notre Recteur-d'école a dit comme-ça à M. le Curé, Qu'il falait prévenir ça. —Mais aussi (interrompit un autre) sais-tu bén qu'elle n'est pas grosse de li? —Qu'en sait-on? —On dit qu'il l'a prise pour de l'argent qu'on l'y a donné; qu'il veut la faire crever, pour en avoir une autre avec cet argent-là —C'est une pauvre Martyre, dit un troisième: Mondieu! qui l'y a donc mis en tête d'épouser un homme comme ça, qui était sans-aveu, elle qui avait l'air demoiselle, quand elle est arrivée, quoiqu'il l'y eût déja morgué la gueule en chemin. —Elle n'en savait rien, dit un quatrième: C'est un tour qu'on l'y a joué: elle ferait casser son mariage, & Jeaugerot irait aux galères, si elle pouvait plaider: mais il sait bén l'y en empêcher: elle ne peut écrire à persone. —Tout le village devrait prendre fait-&-cause de cette pauvre Misérable, dit un de ceux qui avaient déja parlé. —Qu'est-ce qu'on fera, lui répondit quelqu'un ? Il faut qu'elle se plaigne, ou que le Procureur-fiscal informe, comme de scandale-public : mais Jeaugerot est de ses amis; & quand il la tuerait, il n'en serait rien ; car on ne l'y a donnée que pour ça. —Oh-mais, on ne tue pas comme-ça. —Hai, hai ! il faut bén qu'il y ait des raisons. —Vous ne savez donc pas, dit un autre, qu'alle a un Frère, le plus genti garson que n'on puisse voir, qui est venu ici, & qui va mettre ordre à tout ça; il est reparti en poste pour Paris, & peut-être il va arriver dès aujourd'hui—.

Dangeliers n'entendait pas cette conversation ; & Glancé prenait en lui-même le parti de la lui taire, de délivrer Virginie, & de la lui montrer dans un état suportable. Mais il ne fut pas maître de suivre ce sage plan-de-conduite.

A-peine le dernier Paysan achevait de parler, qu'on entendit au-dehors un grand tumulte. Dangeliers & Glancé sortirent comme les autres. —Tenez, c'est lui qui commence à la r'battre, dit un Paysan à ses Camarades—. A ces mots, dont Glancé entendit ſeul tout le ſens, il vole, il cherche le Brutal. La foule l'empêchait d'aprocher: tandis que Dangeliers, pouſſé par un inſtinct plus vrai, ſavait ſe faire faire jour. Il arrive, il voit..... une Femme tout en ſang, qu'un Bourreau traînait en jurant par les cheveux, affirmant qu'elle avait un Galant, qui dans l'inſtant même arrivait de Paris, & qu'il venait de les ſurprendre enſemble. —Hélas, je ſuis innocente, ſ'écria une voix douce, qui pénétra tous les cœurs de compaſſion; mais qui produiſit un effet bien différent ſur Dangeliers, qui reconnut la voix de Virginie. —O monſtre! ſ'écrie-t-il, mille vies, mille vies, je te les arracherais—! En-même-temps, il ſe précipite ſur Jeaugerot. Le Ruſtre ſe retourne pour ſe défendre: Dangeliers le ſaiſit d'un bras vigoureux, le ſecoue, le renverſe, & lui mettant le pied ſur la gorge: —Infame! infame! répétait-il; c'eſt fait de toi—! Glancé parut en ce moment, il ſe jète ſur le Barbare, l'arrache à Dangeliers; il veut déchirer de ſes propres mains cet Aſſacin ſacrilége. Dangeliers releve alors Virginie ; il la presse dans ses bras ; il étanche son sang, & se chargeant de ce précieux fardeau, il la porte chés le Curé, sous la protection duquel il la mit.

Cependant les Paysans du bourg entouraient Glancé, qui frapait impitoyablement sur l'infame Jeaugerot : Ce Monstre lui demandait pardon, en heurlant de rage & de douleur. —Non! répondait Glancé; tu n'as pas eu de pitié, scélérat ; il n'en est point pour toi—. Alors deux Vieillards du village s'aprochèrent, & découvrant leur tête blanche devant Glancé, ils firent un rempart de leur corps à Jeaugerot. —Votre vengeance est juste, dit l'un d'eux, & ce Misérable ne reçoit que ce qu'il a trop mérité : mais vous le tueriez, & il ne faut pas qu'un Honnête-homme comme vous, se mette dans l'embarras, pour un Vaurien comme celui-là. Il est châtié : laissez-le : vous pouvez être sûr que nous le punirons encore plus rigoureusement que vous ; & qu'il ne trouvera dans le pays, que la méprisance qu'il s'est attirée—. Glancé fut

desarmé par ce ſage diſcours : il fit rentrer Jeaugerot chés lui, & l'y ſuivit accompagné des deux Vieillards.

Il y trouva Dangeliers fils ; mais avant que de vous parler de ce Jeune-homme, revenons à ſon Père. Il était à genoux auprès du lit de Virginie mourante ; il lui tenait la main, que ſes lèvres preſſaient à tout-moment. Ils étaient ſeuls. —Juſtice éternelle ! je vous adore, diſait-il ; vous êtes ſatiſfaite : mais ce n'était pas elle, c'était moi qu'il falait punir. Mon Dieu ! ſauvez votre Fille! retirez-là de ce gouffre de malheur, & puniſſez-moi!... Où je vous ai réduite, ô Virginie!... Comme vous voila,... par ma faute!... Ah! pardonnez-moi l'excès de votre malheur, & mes ſoins—!

—Arrêtez, lui dit Virginie, homme trop généreux, arrêtez: oubliez-moi, & ne ſongez qu'à votre Fils: il expire peut-être en ce moment. Tout ce que vous aimiez le plus, vous a trahi: mais je ſuis la plus coupable—.

Dangeliers effrayé, partagé entre ſon Fils & ſon Amante, alait quiter Celle-ci, pour voler au ſecours de l'Autre : ſes yeux interrogeaient Virginie, pour ſavoir où le trouver, lorſqu'il le vit entrer ſanglant, les cheveux en desordre, ſuivi de Glancé. —Mon Père ! ah mon Père ! quel bonheur de vous trouver ici!... Ma chère Virginie ! vous êtes en ſûreté !.... Mon Père! je ſuis arrivé dans ce village ; j'ai vu le malheur de notre Amie; je ſuis reparti ; j'ai couru la nuit & le jour ; à mon arrivée à Paris, vous étiez en chemin, & vous voici ! J'en bénis le Ciel, & vous, mon Père. Depuis huit jours je n'ai pris aucun repos. A mon retour dans ce lieu, je ſuis entré chés le Bourreau de Virginie ; elle y était ſeule, ou dumoins je le croyais : mais le Scélérat nous a ſurpris enſemble : il a porté la main ſur elle: j'ai ſaisi ce Miſérable ; je l'ai terraſſé : mais à la fin, il a été le plus fort... vous voyez ce qu'il m'a fait..... Je ne connaiſſais ni la haîne, ni la rage impuiſſante, ni la fureur altérée de ſang ; j'éprouve tout cela depuis un quart-d'heure : ce Monſtre a dévelopé ces odieuses paſſions au fond de mon âme..... —Je l'ai trouvé ſe traînant à peine (interrompit Glancé). —Deux mots m'ont ranimé, mon

Père; votre nom & le ſien-, (montrant Virginie).

Dangeliers père aprouva la conduite de ſon Fils: il l'embraſſa tendrement. Enſuite, aidé de Glancé, il donna des ſoins ſi efficaces à Virginie & au Jeune-homme, qu'ils furent en état de ſoutenir le tranſporr au-bout de trois jours. Il obtint auparavant la permiſſion du Juge, auquel Virginie préſenta ſa Requête en caſſation de mariage. Les Moyens étaient ſuffisans, puiſqu'il y avait eu ſuposition de nom, de perſone & d'état; que les mauvais-traitemens n'avaient jamais diſcontinué; qu'enfin les motifs du mariage avaient été infames, puiſqu'il était avoué par Jaugerot, qu'on n'avait engagé Mademoiselle F** dans ce mariage, que pour la proſtituer, ou la perdre.

Arrivés tous-quatre à Paris, Virginie ne tarda pas à ſe rétablir. Elle était fort avancée dans ſa groſſeſſe. Dangeliers père mettait ſon bonheur à lui rendre les ſoins les plus tendres, tandis que ſon Fils, de l'aveu de Virginie elle-même, voyageait pour ſ'inſtruire. Il ſe crut enfin ſur-le-point d'être heureux. Glancé ne lui donnait plus d'ombrage. Le mariage de Virginie venait d'être cassé, malgré la grossesse, parce qu'il était certain que Jaugerot ne la connaissait pas, & ne l'avait jamais vue avant la tromperie dont il avait été l'instrument ; & ce Scélérat était puni, non comme il le méritait, mais assés, pour que la société n'eût rien à redouter de ses vices.

Tout semblait promettre à Dangeliers père un sort plein de charmes, lorsque Virginie mit au monde une Fille. Il la reconnut, & lui donna son nom. La Mère se rétablit, & devint plus charmante qu'auparavant. Ivre d'amour, Dangeliers, maître depuis deux mois de disposer de lui-même, ne douta point qu'elle n'acceptât sa main, dès que la décence lui permettrait de la lui proposer. Elle avait pour lui les égards, les attentions de l'Epouse la plus tendre ; il ne lui en manquait que le nom : tous les jours elle lui parlait de sa reconnaissance avec les plus touchantes expressions. Jamais l'Infortuné n'avait cru être si heureux. Leur conduite était réservée cependant : Par respect pour le lien qu'il espérait de contracter, Dangeliers s'était bien gardé de prendre ses sens pour guides : Il respectait son Épouse ; & Virginie paraissait encore plus touchée de cette marque d'estime, que de tout le reste.

Ce fut dans ces circonstances qu'il voulut se donner la satisfaction, bien légitime, d'avoir le portrait de Virginie. Elle était alors dans tout son éclat ; on lui voyait seulement un air de langueur, qui ne la rendait que plus touchante. Un jeune Peintre, renommé par son habileté, fut chargé de cet agréable ouvrage, & le hasard fournit l'attitude sous laquelle Dangeliers voulut qu'elle fût représentée. Un matin qu'il entrait dans sa chambre, comme elle s'habillait, il la trouva achevant de chausser son joli soulier ; sa jambe fine était encore à demi découverte : elle avait l'air rêveuse, & baissait négligemment sa jupe ; il n'ajouta à cette situation, qu'un petit Amour à ses genoux, qui retenait sa main, & l'empêchait de voîler sitôt ses apas. C'était une imprudence à Dangeliers de faire peindre dans cette attitude une Femme déja trop séduisante par elle-même, & de perpétuer aux yeux de son Fils, le voluptueux desordre où il l'avait surprise.

Le tableau fut trouvé excellent par les Connaisseurs, & Dangeliers sur-tout fut si content de la manière du jeune Peintre, qu'il le crut propre à devenir le maître de son Fils pour le dessin. Il rapela le Jeune-homme, & crut ne rien risquer... Imprudence impardonnable !......

Dangeliers fils, réüni à un Père qu'il adorait, ne voulut plus voir dans Virginie que la Mère de sa Sœur. Ses sentimens étaient tendres; mais il s'efforça de les règler. Il s'occupa : de brillans succès dans la carrière des Lettres commencèrent à le distinguer: Son jeune cœur échauffé par l'amour de la gloire, s'enivra de cette douce vapeur : Mais il ne se borna pas à des projets stériles : A dix-huit ans, il donna une invention utile, que je vous dirai. Quelles heureuses espérances ne fesait-il pas concevoir !

Dangeliers, moins par jalousie que par devoir, observa son Fils & sa Future; mais il n'aperçut rien qui dût l'inquiéter : aucontraire, Virginie paraissait plus affectueuse & plus confiante encore à son égard. Un-jour, sur-tout, que le Jeune-homme venait de copier en mignature sous leurs yeux le portrait de Virginie, & de le recevoir de sa main, elle marqua tant d'attachement à Dangeliers père, que jamais il ne s'était cru si assuré d'être aimé. Cependant, à compter de cet instant, elle tomba dans une tristesse profonde, qui croissait de jour-en-jour. Rien ne put bientôt plus la distraire : on la surprenait quelquefois à verser des larmes.

—Qu'avez-vous ? lui dit enfin le Philosophe ? vous ressentez des peines, & votre Ami, votre Époux les ignore ! Ah ! Virginie ! quelles qu'elles soient, confiez-les à votre Père ? —Laissez-moi remporter la victoire sur moi-même. —Une victoire ! —Oui : il est doux de parler de la tempête, lorsqu'on est au port ! —Ce langage me surprend, mon Amie : mais je n'irai pas plus loin, puisque vous le voulez—.

Ce peu de mots éclaira Dangeliers père : mais trop généreux, pour laisser apercevoir de sa découverte, il cacha sa douleur. Cependant Virginie paraissait tous les jours plus accâblée, & Dangeliers fils devenait rêveur. Le Père ressentit alors les plus vives inquiétudes; il résolut de les pénétrer entièrement tous-deux: mais c'est un motif louable qui va le porter à surprendre le secret d'une conversation entre Mademoiselle F** & son Fils.

Il leur laissa donc la plus grande liberté; ils ne manquèrent pas d'en profiter; & un-matin qu'ils étaient ensemble, il prêta l'oreille: Voici ce qu'il entendit.

—Oui (disait Virginie au jeune Dangeliers) nous lui devons tout.... Mon Ami, montre-moi ma Fille.... ta Sœur, mon cher Dangeliers. —Si vous m'aimez, rendez-moi heureux dans mon Père: quoi qu'en dise mon cœur révolté, je sens que c'est la seule manière dont je puisse l'être. —Si je t'aime!... —Ce n'est pas un crime; non, ce n'en est pas un dans mon cœur, de vous aimer, Madame; & nos cœurs se ressemblent: le vôtre est reconnaissant; c'est sa vertu favorite. —Vous me fortifiez: continuez, Dangeliers. —Croyez-vous que mon vertueux Père ne vous eût pas unis, ſ'il était poſſible? Je l'ai entendu gémir d'être forcé de vous ſéparer. Virginie! vous êtes la mère de ma Sœur. —Oui, je ſuis la mère de votre Sœur; de cette Enfant... aimable... —Dans laquelle je vous verrai toujours: je ſerai ſon ſecond père, & ne ſerai pas le moins tendre. —Vous! ſon père! —La petite Éliſe m'eſt auſſi chère que vous, & que mon Père lui-même: Jugez de ma tendreſſe pour elle! —Ah Dangeliers!... un poiſon lent conſume ma vie. —Et la mienne.... (Que dis-je, malheureux!) Je m'égare. —Ton deſordre eſt plus puiſſant que tes diſcours: tu m'aimes! avec cette aſſurance, je ſuis capable de tout. —Soyez heureuſe, ma Virginie, avec mon Père. —Tu as raiſon: eſt-il donc ſi dur d'être unie au plus Honnête-homme qui ſoit au monde; à ton Père! —Hélas! non, cela n'eſt pas dur. —Sans toi, il ferait mon bonheur! —Virginie, je vous adore; oui, je vous aime, plûs peut-être que vous ne m'aimez: Cependant j'immole ſans murmure, au meilleur des Pères; un bien qui m'eſt plus cher que la vie que j'ai reçue de lui: Je le fais; n'abattez plus mon courage, quand je ſoutiens le vôtre. Si vous n'êtes pas contente, & ſi mon Père n'eſt pas heureux, il n'y a plus de félicité pour moi. Voila comme eſt fait mon cœur: il eſt à vous-deux, & ne peut manquer ni à l'un ni à l'autre. On m'a parlé de ma Mère, depuis qu'elle n'eſt plus; j'ai toute ſa ſenſibilité; craignez qu'elle n'ait en moi les funeſtes effets qu'elle eut en elle— (*).

A ces mots, Dangeliers père ſ'élance dans la pièce où étaient les deux Amans: —Mon Ami, (ſécrie-t-il) tu viens de me faire trembler! Ma vie n'eſt rien, ſi je n'exiſte pour toi: mon cher Fils, tu ês la tâche que m'a donné la nature; je dois la porter à ſa perfection, ou je ſuis le plus vil des Êtres; & ta perfection, c'eſt le bonheur... Parlez mes Enfans; que pouvons-nous faire, dans l'étrange ſituation où nous nous trouvons? J'ai trop abusé de ma raison; je

(*) *L'Hiſtoire du Quadragenaire*, ci-après, XV.me Lettre, expliquera ceci.

n'ôse

n'ôse plus m'en ſervir : guidez-moi ; je conſens à ſuivre la vôtre.

—Mon Père (répondit le jeune Dangeliers) nous alons profiter de la leçon que nous donnent ces diſpositions généreuses—... En-même-temps il ſortit, & revint un inſtant après, tenant la petite Élise dans ſes bras. —Voici la règle de notre conduite (reprit-il).... Parle à ta Mère, charmante Créature, le langage de tes careſſes enfantines ; unis ceux qui t'ont donné l'exiſtance, & rens à ton adorable Mère toute ſa vertu.... Madame, (dit-il enſuite à Virginie) mon Père a lu au fond de nos cœurs : que nos ſentimens mutuels paſſent de vous à moi, & de moi à vous par ſon canal ; c'eſt le moyen de les épurer ; & nous nous aimerons alors, ſans être criminels. Conſommez une union néceſſaire à votre Fille, & donnez-vous un titre qui me rende l'Homme le plus proche de vous, après mon Père... —Ah Dangeliers ! (ſ'écria Virginie) je vais vous devoir mon repos, ſi votre Père veut me pardonner—. Dangeliers père la reçut dans ſes bras, ſans répondre, & tous-trois confondirent leurs larmes.

Il fut décidé que Dangeliers fils partirait pour Londres ſous quelques jours, & ce fut Virginie qui le proposa la première. Elle parut enfin maitreſſe d'elle-même; car depuis ce moment, elle ala fermement à ſon but, & redemanda même ſon portrait à ſon Amant, qui ne le garda que par les ordres de ſon Père. Mais cette Jeune-perſone avait les paſſions ſi vives, qu'elle ne pût ſuporter ce ſacrifice, lorſqu'il fut conſommé. Une fièvre ardente ſ'aluma. Dangeliers père en connaiſſait la cause. Il eſſaya tous les moyens de guérison; aucun ne réüſſit. Alors le deseſpoir changea ſes idées: après ſ'être conſulté longtemps, il ne vit dans la ſéparation cruelle des deux jeunes Amans, qu'un crime de convention, que pouvait pallier une néceſſité abſolue. Il écrivit à ſon Fils de repaſſer en France. Le même jour, dans un moment où Virginie paraiſſait mieux, il ſ'aprocha d'elle, & lui prenait la main, qu'il baisa, il tâcha de la préparer à ce qu'il voulait lui dire, par les preuves de tendreſſe les plus touchantes. Mais Virginie l'interrompit, dès qu'elle entrevit où il prétendait en venir.

—Ma vie n'eſt rien (lui dit-elle), ſi ce n'eſt par le prix trop grand que vous lui donnez : mais la honte d'une action coupable eſt éternelle : S'il faut choisir du bonheur, acheté ſi cher, ou de la mort, je préfère la mort........

—Mon Ami (ajouta-t-elle, voyant que Dangeliers pleurait, ſans lui répondre), je veux être votre Épouse : il le faut pour votre Fille : je ne mérite pas ce titre glorieux ; mais Élise vous le demande pour ſon indigne Mère...... Cher Dangeliers, laiſſez-moi mourir. Mes paſſions ſont intraitables ; je ne vivrais peut-être que pour devenir un-jour criminelle, & je m'en punirais enſuite..... Croyez que vous avez tous les ſentimens obligeans de mon cœur ; l'ivreſſe ſeule n'eſt pas pour vous—...... Comme il continuait à pleurer ſans lui répondre, elle inſiſta vivement : —Mon Ami, le temps preſſe ; que je me ure votre Épouse—.

Rien ne put la faire changer de langage :

Sa maladie augmentait; Dangeliers fit ce qu'elle avait exigé. Elle parut satisfaite: elle sourit, & prit sa Fille dans ses bras, en invitant son Mari à venir partager les caresses de cette aimable Enfant. —Ma Fille, réünis tes Parens (lui disait-elle) une-fois aumoins—.

Comme elle achevait ces mots, on annonça l'arrivée de Dangeliers fils, qui se rendait aux ordres de son Père. Le Jeunehomme entre, déja instruit. Il s'aproche avec respect. En le voyant, les yeux de Virginie se remplirent de larmes, & les efforts pour vaincre son attendrissement, augmentèrent si fort son agitation, qu'on fut obligé de prier Dangeliers fils de se retirer. Il obéit tristement. —Déja Marâtre! (lui cria Virnie) mais non pas de cœur.... Alez consoler votre Fils (dit-elle à Dangeliers) des duretés de sa Bellemère, & ôtez-moi ma Fille.

Dès qu'elle se vit seule, elle se leva malgré sa faiblesse, & se jetant à genoux, elle s'écria : —Mon Dieu! ôtez-moi la vie, ou mon coupable amour—! Elle vou-

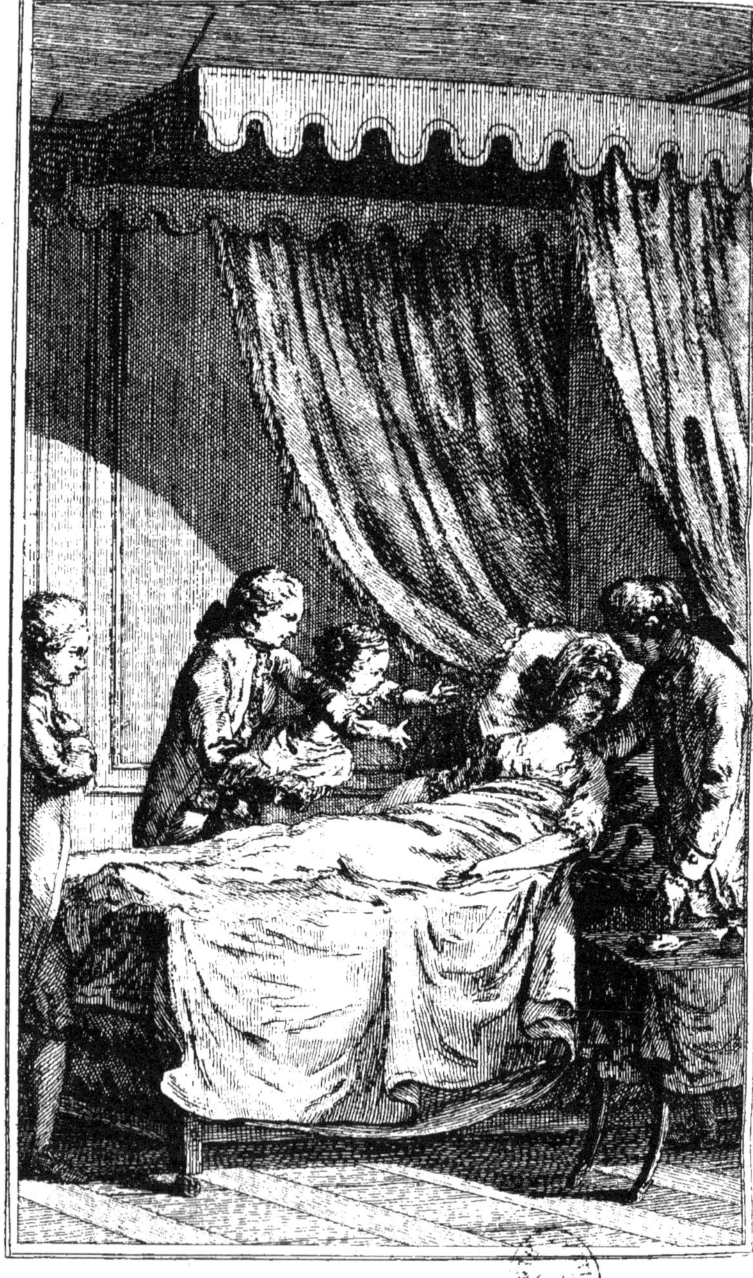

lait se recoucher, parcequelle entendit revenir sa Femme-de-chambre : mais les forces lui manquèrent, & on la trouva étendue sur le parquet : on la remit au lit. Un instant après, il lui prit un transport si violent, qu'il épuisa le reste de ses forces. Elle demanda Dangeliers dès qu'elle eut repris ses sens. Il vint accompagné de son Fils, qui portait la petite Élise. Elle pria son Mari de la prendre dans ses bras : elle y fut à-peine, qu'elle tomba en faiblesse, en le voulant embrasser. C'était la dernière crise...

Comment vous peindrai-je le desespoir de Dangeliers père ? Il fut si effrayant, que son Fils, frapé lui-même du coup mortel qui va l'enlever, oublia pour un moment ses propres douleurs, & secourut l'Infortuné ;... mais la nature se tut,.... & Glancé fut le seul qui s'en fit écouter, sans pourtant calmer son desespoir. Dans ce déplorable état, il luta longtemps entre la vie & la mort, & ce ne fut qu'aubout de plusieurs mois, qu'il fut en état d'aler pleurer sur la tombe de Virginie. La plaie de son cœur se r'ouvrit alors, & il retomba dans un état plus funeste que le premier.

Laissons ces temps de desespoir, qui doivent être rayés de la vie de Dangeliers : il n'était déja plus. Mais son Fils, Élise, son Fils !.....

Après la mort de Virginie, ce Jeune-homme aimable, & d'une si glorieuse espérance, tomba dans un abatement que rien ne put lui faire surmonter. Le triste état où il voyait son Père, augmentait encore sa profonde mélancolie : il soupirait ; il répandait un torrent de larmes, dans l'instant où se prêtant par complaisance aux desirs de ses Amis, il venait de chercher la dissipation, & de laisser voir sur ses lèvres l'aparence du sourire. Il est naturel à son âge de craindre la mort ; il la craignait, & la voulait éviter : mais il ne lui fut aparemment pas possible d'en prendre les moyens. S'il était capable de quelque plaisir, c'était de celui de s'occuper de la petite Élise : Il lui aprenait à prononcer les premiers mots, & ses soins furent si continus, si tendres, que l'Enfant ne le voulait plus quitter ; peu s'en falut même qu'ils ne lui devinssent funestes ; la petite Élise qui pouvait à peine parler, fut inconsolable, lorsqu'elle ne vit plus son Frère. Il semblait qu'il lui eût fait contracter l'habitude de la douleur ; parce qu'ordinairement en jouant avec elle, il ne pouvait retenir ses larmes ; sur-tout lorsqu'il lui montrait sa Maman dans son portrait. Il ala plus loin ; il prit plaisir à faire celui d'Élise, encore au berceau, en lui suposant l'âge de Virginie ; il tacha de prévoir l'effet de ses traits dévelopés par les années ; & j'ai depuis admiré à quel point il avait réüssi (*).

Mais quand tous ces Objets eurent perdu le premier charme de la nouveauté, le jeune Dangeliers retomba au fond de son propre cœur, & n'y trouva que l'insuportable douleur d'avoir perdu Celle qui fesait le charme de sa vie. Il y succomba. Telle une tendre fleur, dessèchée par le

---

(*) Ce Portrait d'*Elise*, dans la même attitude que sa Mère a servi de modèle à l'Estampe qui est à la tête de la *Première Partie* de cet Ouvrage.

vent brûlant du midi, laisse pancher sa tête altèrée, sèche, & tombe.......

Le jour destiné aux funérailles de son Fils, Dangeliers, après un long sommeil, se trouva mieux. Il se mit à son séant, & réjoui par l'éclat du soleil, —Le beau jour (dit-il en lui-même), & que j'ai de plaisir a revoir la lumière & la nature–! Il essaye ses forces; & comme il se trouvait seul en ce moment, il descend de son lit; il ouvre une croisée : le grand air le saisit; il recule, prêt à s'évanouir. Enfin il revient à lui-même. Il jette un coup d'œil dans sa cour. Des flambeaux! des Enfans en surplis! des Prêtres! un chant lugubre frape son oreille. Il regarde : un cercueil va sortir!.... Des larmes involontaires inondent son visage. Il se retourne du côté de l'apartement, pour apeler: Il aperçoit le portrait de Virginie : Cette peinture semble s'animer; il croit en entendre sortir un profond gémissement, & ces mots, *Malheureux! c'est ton Fils!* Il s'écrie. Glancé pleurant accourt : —Que viens-je de voir! —Ah! mon Ami!

—Mon

—Mon Fils eſt mort—! Il ſ'élance vers la croiſée ; —Arrêtez ! (ſ'écrie-t-il) ; arrêtez—! Il veut deſcendre : Glancé, aulieu de ſ'y oposer, reſpecte cette douleur ſacrée : Il aide ſon Ami. Dangeliers arrive. —Un moment de-plûs, & la mort alait nous ſéparer, ô mon Fils, mon cher Fils—! Il découvre le cercueil : il veut voir le visage du Mort. Il arrache le voile.... Il le contemple.... à-meſure que ſes yeux ſe raſſaſient de cet affreux ſpectacle, ſes membres ſe roidiſſent : il veut embraſſer le cadavre ; il chancelle ; il tombe ; il expire.

....

O vous, dont le cœur ſenſible ſoupire après un tendre engagement, ſi vous voulez être heureux, aimez de bonne-heure un Objet aimable, que vous puiſſiez encore charmer : Paſſé l'âge de plaire, on eſt toujours trompé, ſinon par le cœur, aumoins par les ſens de ſa Maitreſſe.

La Fille de Virginie, cette aimable

Élise, reſtée Orfeline, avec toute la fortune de ſon Père, & les biens de la Maison de F**, fut confiée par Glancé, à M. *De-Poin***, parent de ſa Mère ; c'était un homme-veuf, qui avait un Fils, plus âgé de quelques années que l'Orfeline, & dont la maison était gouvernée par la Sœur de Madame De-Poin**. Le projet était d'unir un-jour les deux Enfans : mais le jeune De-Poin**, après avoir fait des actions éclatantes, périt dans la dernière guerre de la Ruſſie contre les Turcs. Sa Tante qui l'adorait, en mourut de douleur, & la jeune Élise, devenue l'unique conſolation de M. De-Poin**, ſe trouva chargée de la conduite de la maison. J'oubliais de vous dire, qu'elle paſſait, & ſe croyait elle-même fille de M. De Poin** ; on avait pris cette précaution, depeur que l'amour, ſi dangereux dans ſa Famille, ne fît une impreſſion trop vive ſur ſon cœur, en vivant avec Celui qu'on lui deſtinait ; on ſe proposait de ne la détromper que pour la marier. Mais cette précaution était inutile ; la conduite d'Élise le prouve : je ſavais déja que les Filles n'ont pas ordinairement les passions de leurs Mères ; & que c'est plutôt le lot des Garsons : une Femme galante a presque toujours des Filles qui ont horreur de la galanterie. Lorsque M. DE-Poin** eut perdu son Fils, il crut ne devoir rien changer à sa conduite envers Élise : au contraire, il exigea de Glancé, qu'il n'instruirait cette Jeune-persone qu'un an après sa mort : & à cette condition, il la fit son unique héritière. Je vous acheverai au premier jour l'Histoire de cette Demoiselle.

A-présent, mon Amie, sondez vos dispositions : je ne vous crois pas le caractère de Virginie F**, quoique les traits que son portrait lui donne ressemblent aux vôtres. Mais mon âge est celui de l'infortuné Dangeliers.

DIXIÈME LETTRE.

ÉLISE, au QUADRAGENAIRE,

trois jours après.

COMMENT avez-vous pu me citer cette ſuite de ſcènes d'horreurs, amoncelées les unes ſur les autres ! J'en ſuis encore effrayé. *Cette Hiſtoire m'intéreſſe doublement*, dites-vous ? Eh ! comment ? quel raport tout cela peut-il avoir avec nous ?(*)... Mais ces mots me reviennent ſans-ceſſe ; & ſans-doute ils ont produit l'intérêt que j'ai pris à Virginie, à Dangeliers, à ſon aimable Fils. Je vous l'avoûrai, malgré tous ſes torts, mon cœur prenait parti pour Mademoiselle F** : Quelle était aimable ! Mais on voit qu'elle manquait de principes ſolides : ce fut la cause de tous ſes malheurs. Je ne connais pas l'amour par-expérience, ſi par ce mot l'on entend une

(*) On ſe rapelle, que M. *De-Sac** avait déguisé les noms des Perſonages, dans l'Hiſtoire qu'on vient de lire.

paſſion ardente, inquiette, effrénée : j'ai toujours évité ces impreſſions profondes qui creusent dans l'âme, & y laiſſent des marques éternelles : Mais, mon Ami, je ne ſuis pas venue juſqu'à vingt ans, ſans avoir rencontré une figure d'homme qui m'ait plu : J'en ai vu quelques-uns d'aimables, & dès que je m'en apercevais, je me demandais bien-vîte, ſi la raison ſ'accorderait avec mon panchant, dans le cas cas où je m'y livrerais. En-conſéquence, j'examinais tout avec impartialité; & ſitôt que je m'étais convaincue parfaitement, que ce n'était pas un Mari comme il me le falait, j'évitais ſi ſoigneusement de revoir l'Homme, que j'oubliais juſqu'à ſa figure. Je ſuis perſuadée, qu'on ne ſerait jamais victime de l'amour, ſi l'on employait à-temps l'efficace moyen de l'abſence.

Mon Ami, à chaque fois que je fesais de ces épreuves, je retournais à vous; car vous étiez toujours mon Objet de comparaison : Mais accoutumée à vous regarder comme un Père, à-peine ôsais-je arrêter ma penſée ſur l'idée d'être votre épouse. Comme je parlais ſouvent de M. De-Sac* à mon amie *Talhi* devant ſa Mère, cette Dame a lu dans mon cœur; c'eſt elle qui a levé mes ſcrupules, & qui m'a enhardie: Elle m'a fait comprendre que mon rôle avec vous, ne devait pas être le même qu'avec un Amant ordinaire. J'ai ſuivi ſes conſeils; & je ne m'en repentirai jamais.

Nous alames avanhier, M. & Madame Dulis, Talhi & moi, à la Comédie-française: on y donnait l'*ALZIRE* de M. De-VOLTAIRE, & *LA-PUPILE*: je ne connaiſſais pas encore cette petite Pièce; elle m'a fait un plaisir infini. M. FAGAN, ſon auteur, penſait comme moi; ſeulement il ſait infiniment mieux peindre. Le joli tableau! quelles nuances délicates! Je ne pouvais m'en taire. Madame Dulis ſouriait; elle a dit à ſon Mari. —*Je m'en étais bien doutée! il faudra la mener demain aux Italiens*—. Effectivement, nous y avons été hier. On donnait le *DUEL-COMIQUE*, opéra-bouffon, dans lequel la jeune Isabelle préfère Caſſandre, vieillard, au jeune & beau Léandre. J'ai vu leur motif. —Eh-bien oui ! ai-je dit à mon Amie ; j'aime tout ce qui apuie mes dispositions ; & si l'on siffle la Pièce, c'est qu'elle peut être mal-tissue ou mal-écrite. D'ailleurs M. De-Sac* n'est pas unVieillard. —Encore un-peu, Femme, a dit M. Dulis: mais il n'y a pas de mal à cela. —Pourquoi-donc ! a dit sa Femme: mais ce n'est pas la vieillesse que l'on aime, c'est la raison. N'est-ce pas Élise ? —Ce sont les suites de l'étourderie, de la légèreté, l'inconséquence, la folie, que l'on craint, ai-je répondu. —Ainsi Mademoiselle n'a que des passions négatives—? a repris M. Dulis. Je n'ai pas jugé à-propos de repliquer à cela.

P. S. J'alais finir ma Lettre sans vous parler de votre nouveau Commissionaire. Il est revenu ce matin. Pourquoi donc m'envoyer ce Jeune-homme ? Je vous dirai en confidence, que je vous devine : C'est vous prier de me garantir de pareilles visites, si vous voulez que votre Élise continue de passer pour une Fille polie : Autre chose: Vos observations sur M.me Dulis sont-elles bien justes, d'après sa conduite en mènage ?

ONZIÈME LETTRE.

Réponse du QUADRAGENAIRE.

deux jours après.

LA Nature a parlé, ma chère Élise, en vous attendrissant pour Virginie & pour Dangeliers. Mais je n'en dirai pas davantage aujourd'hui. Pour me rassurer, à défaut d'exemples, vous me citez des Comédies. Croyez-vous, ma Fille, que ce soit pour me défendre, que je vous ai mis des faits sous les yeux ? Je n'imagine pas que vous ayiez cette idée: Il n'est Persone au monde qui se défende d'être heureux. C'est pour vous donner à réfléchir, que je vous ai envoyé les deux Histoires que vous avez lues, & que je vais encore vous copier un trait que je viens de lire dans le *Journal Anglais.*

LA LEÇON.

« JE ne suis point un de ces vieux Céli- » bataires, qui cherchent à se venger du

» ſexe qui les fuit, & pour lequel ils ont
» trop de goût, en ſaisiſſant toutes les
» occasions d'en dire le plûs de mal qu'ils
» peuvent. Quand on arrive à la fin du
» cercle de la vie, il faut laiſſer l'illusion
» & les plaisirs à ceux qui ſont au commen-
» cement ; la jeuneſſe regarde devant elle ;
» la vieilleſſe ſe retourne & regarde la car-
» rière qu'elle a parcourue ; mais il lui eſt
» impoſſible de retrograder. Je n'ai pas
» toujours fait ces réflexions.

» Je ſuis veuf ; mon âge paſſe un-peu 60
» ans. J'ai encore des yeux capables de
» diſtinguer les agrémens de la jeuneſſe ;
» & la ſenſibilité n'eſt pas morte au fond
» de mon cœur. Je ne me crois pas tout-
» à-fait propre au monde ; je ne me crois
» pas tout-à fait prêt à le quitter. L'Hiſ-
» toire m'aprend qu'il y a des montagnes
» dont le ſommet eſt blanchi par la neige,
» pendant que le ſoleil brille & fait ſentir
» ſa douce influence dans les vallées. Mon
» front grisonne, mais mes forces ne ſont
» pas éteintes : riche avec cela, j'ai cru va-
» loir un autre Homme ; une Femme char-

» mante, dont j'ai fait la connaissance il y a » quelque temps, s'est complue à m'entre- » tenir dans cette opinion. Elle n'a que 22 » ans; l'amour, la prudence & la sincé- » rité respiraient dans tous ses discours; qui » n'eût pas pensé comme moi qu'elle les » avait au fond du cœur? Je l'ai cru; le » bonheur de l'illusion a été le mien pen- » dant quelques jours, & je me suis vu » aussi heureux que le bon Roi David sur le » soir de sa vie.

» — *Qu'est-ce que le feu, la vivacité,* » *les grâces de la jeunesse*, me disait quel- » quefois l'aimable Enchanteresse qui me » séduisait? *Ce sont les compagnons de l'in-* » *constance; c'est à votre âge, qui est celui* » *de la sagesse, que l'amour, la prudence &* » *la constance s'unissent pour ne plus se* » *quitter. Les plaisirs dont on est si passion-* » *né, sont à peine goûtés dans les ardeurs* » *brûlantes du soleil du midi; c'est à son* » *couchant qu'ils sont tempérés par le souffle* » *pur & doux du zéphir. Dans la jeunesse,* » *l'amour est un tyran; il ne devient rai-* » *sonnable qu'avec le temps qui le rend pai-*

» *sible & modéré. Pour rendre un Couple* » *heureux, il faut rëunir la jeunesse à l'âge* » *mur, parce que la sagesse & l'expérience* » *de l'un, sont nécessaires pour tempérer la vi-* » *vacité & les saillies pétulantes de l'autre.* » *Je me trouve si heureuse actuellement*, ajou- » tait-elle, *qu'il n'y a que la mort qui puisse* » *me détacher de vous. Que mon sexe prenne* » *exemple de moi, & reçoive les leçons de* » *constance & de fidélité que je m'engage à* » *lui donner.*

» C'est ainsi qu'elle s'exprimait. Mon » cœur était dans l'allégresse ; je ne répon- » dais que par des transports ; je la regar- » dais comme le modèle des Femmes, » comme un Ange. Je crus n'avoir rien de » mieux à faire que de chercher tous les » moyens de lui plaire : l'amour & la re- » connaissance me portaient à ne rien né- » gliger ; ainsi je m'empressai de changer » mes habillemens gothiques en vêtemens » du meilleur goût ; les Ouvriers les plus » célèbres, ceux qui fournissaient la gar- » derobe de nos jeunes Seigneurs les plus » élégans, furent chargés de travailler à la

» réforme de la mienne ; une perruque » blonde couvrit mes cheveux qui commen- » çaient à blanchir ; en me regardant à mon » miroir, je me reconnaissais à-peine ; je » crus réellement que j'avais soustrait vingt- » cinq bonnes années aumoins du cours de » ma vie passée. Je me trouvais jeune ; & je » me conduisis en-effet comme un Jeune- » homme. On me vit dans tous les lieux de » plaisir & de dissipation, avec ma char- » mante Maitresse sous le bras ; je lui don- » nai toutes sortes de fêtes ; nous nous » couchions avec le jour naissant, pour ne » nous lever que lorsqu'il était fini.

» *O ma Galathée !* (qu'il me soit per- » mis de me servir des expressions qu'Ovide » prête à Poliphème !) *toi qui és plus blan- » che que les feuilles du troêne, plus fleurie » que les prés, plus haute que l'aulne, plus » polie que le verre, plus tendre & plus » vive qu'un chevreau, plus agréable que le » soleil pendant l'hiver, que l'ombrage pen- » dant l'été, plus vermeille que la pomme, » plus majestueuse que le platane élevé, plus » fraîche que la glace, plus douce qu'un rai-*

» *sin mur, plus molle que les plumes d'un » cigne & que le lait qui commence à ſe cail- » ler, pourquoi ês-tu ſi trompeuse? Pourquoi » la nature, en te donnant la forme & la lan- » gue d'un Ange, t'a-t-elle donné auſſi le » cœur & la fauſſeté d'une Syrene?*

» Pour ne pas m'arrêter trop longtemps » ſur ces momens enchanteurs, dont il ne me » reſte que le ſouvenir, & qui, malgré » moi, me donnent les plus vifs regrets, » je viendrai à la conclusion. La goutte im- » pitoyable, cette fille dénaturée du plaisir » qu'elle proſcrit, me rendit une visite: » l'accès fut très-violent, très-douloureux, » & me retint chés moi pendant plusieurs » jours. On ſent les conſeils qu'il me don- » nait à chaque mouvement aigu qui m'ar- » rachait des cris. —Sois ſage, & je ne te » tourmenterai point—. Il me forçait à l'é- » couter, mais je n'ôsais encore prendre une » résolution fixe; je luttais contre la goutte » conſeillère, & peut-être n'aurait-elle pas » triomphé, lorſque je reçus la Lettre ſui- » vante de ma Charmante, qui ne m'était » venue voir qu'une fois, & qui jugea à pro-

» pos de ſ'en épargner la peine une seconde
» en m'écrivant.

Mon cher Monſieur, il faut abſolument » nous ſéparer: vous devez le desirer, & je » vous en donne l'exemple; je vous quitte » pour un très-aimable Jeune-homme, avec » quî je vais jouir en paix des présens dont » votre ſolie bienfesante m'a comblée, & qui » ſont aſſés conſidérables pour nous mettre à » notre aise, mon Amant & moi, tout le » reſte de notre vie. Je vous dois un avis en » reconnaiſſance: l'amour ne ſ'achette point; » l'argent ne peut le faire naître; il n'en » produit que l'aparence. Croyez-moi, une » Jeune-fille peut flater un Vieillard, mais » elle ne peut jamais l'aimer. Il eſt auſſi » difficile d'exciter une paſſion mutuelle en-» tre une Jeune-perſone & une vieille, que » de réünir l'été & l'hiver. C'eſt le dernier & » meilleur avis que vous ayiez reçu, & que » vous recevrez jamais, de votre tendre & an-» gélique GALATHÉE.

» Cette Lettre m'a fait prendre un parti;
» la goutte me le conſeillait auſſi; j'ai visité

» ma caiſſe, j'y ai trouvé un vide conſidé» rable ; mais je m'en ſuis conſolé ; la rai» son ne ſaurait ſe payer trop cher, & je » crois avoir recouvré la mienne. Mon » exemple peut être utile, & c'eſt ce qui m'a » fait écrire & publier cette Avanture ».

En quittant le Journal Anglais, un Roman nouveau m'eſt tombé ſous la main : J'y ai trouvé ce paſſage :

*La jalousie eſt une paſſion que l'on connaît peu dans la jeuneſſe : A cet âge, on eſt ſûr de plaire, ou dumoins on le croit : à-peine d'ailleurs a-t-on le temps de ſ'apercevoir d'une infidélité : Mais quand on aproche de quarante ans, on ſent qu'on n'eſt plus fait pour être bien véritablement aimé, ſurtout d'une Perſone de vingt : On regarde alors tous les Jeunes-gens qui nous entourent, comme autant d'oiseaux-de-proie....... L'amour-propre furieux, croit ſe dédommager par la gêne où il tient ce qu'on aime, ſans ſonger que la liberté eſt l'élément de l'amour**.

---

* *LE LIBERTIN DEVENU VERTUEUX, 1777. I Partie, p. 199*: Chés la ve Duchêne, rue S.-Jacques.

Enfin tout-à-l'heure, en ouvrant le *Recueil des Causes-célèbres*, Tome XXVI, j'y ai vu la Cause d'un Septuagénaire, & d'une jolie *Brunette*. Le Vieillard était éperdûment amoureux: cependant au moment d'épouser, il lui paſſa par la tête la même fantaisie qu'à ce vieux Jaloux du *Mercure-galant*; il refusa de ſ'engager. La *petite Brunette* a dit qu'elle le voulait. Elle a plaidé pour avoir aumoins des dommages-intérêts; & le récalcitrant Vieillard a préféré de payer une ſomme aſſés forte, au bonheur de poſſéder une jolie Perſone, dont il était amoureux.

Ces différens traits valent bien vos deux Comédies. Mais n'oubliez pas, ma chère Élise, dans quel eſprit je dis tout cela.

Je ſuis, &c.

P.S. Les affaires qui retiennent ici M. le Prince de ····· dureront quelques jours de-plûs qu'on n'avait compté.

DOUZIÈME

DOUZIÈME LETTRE.

Élise, au Quadragenaire.

deux jours après.

Mo le Journaliste Anglais a donné une *Leçon* très-utile aux Persones qui sont dans cas où se trouvait son *Vieillard goutteux*, & qui peuvent avoir le même but

Le Roman, dont vous citez une tirade, dit peut-être une vérité générale, mais qui a une foule d'exceptions. L'Histoire que je joins à ma Lettre en est une nouvelle preuve, que j'ajoute, un-peu malgré moi, à celles que je vous ai déja données.

Le *Septuagenaire* des Causes-célèbres a peut-être fait très-sagement de ne point épouser sa *petite Brunette*; la caducité est l'âge du repos: mais pour en jouir au sein d'une famille à laquelle on soit cher, il faut l'avoir préparé dans l'âge qui la précède. Je trouve, moi, qu'un Homme marié tard, est celui dont la vieillesse est la plus douce; parceque les sentimens d'attachement de ceux qui tiennent à lui sont moins usés; que ſes Enfans ne ſont point encore emportés par le tourbillon des affaires, ou livrés tout-entiers aux ſoins de leur propre famille...... Mais je dis-là ce que vous diriez mieux que moi.

Quant à votre Élise, ſes goûts vous ſont connus, & vous ſavez ce qu'elle attend de l'union du mariage: La paix; l'attachement réciproque; l'eſtime; la confiance; l'économie; les complaisances mutuelles; enfin les douceurs de la maternité, ſi le Ciel veut lui faire cette faveur. Elle croit, mon Ami, qu'elle peut compter ſurement que vous ſerez rangé, point joueur, point ivrogne, point débaûché; que vous aurez du plaisir à être avec elle, à la mettre de vos parties, de vos promenades; & que vous ne la quitterez que pour vos affaires. Eh-bien, voila tout ce qu'elle vous demande, à vous qui êtes la vertu même, & qui mourriez plutôt mille-fois, que de donner dans les vices groſſiers qu'elle vient d'indiquer. Aſſurez ſa tranquilité, qui ne peut l'être que par vous. Pour ce qui eſt d'elle, voici ce qu'elle veut être à votre égard : Une Fille tendre & ſoumise ; une timide & craintive Amie, qui ne ſe croira jamais bien ſûre de ſes démarches, que lorſqu'elle aura votre aprobation ; oui, le plus doux des plaisirs qu'elle ſe promet en mènage, ſera la confiance entière qu'elle aura dans votre ſageſſe ; l'heureuse aſſurance où elle la tiendra. Elle n'aura point à examiner, ſi ce qu'elle veut faire, eſt bien ou mal ; il lui ſuffira de le demander à ſon Mari. Dites-moi, mon Papa, ſ'il y a quelqu'autre Homme que vous ſur la terre dont je puiſſe eſpérer ces précieux avantages ? Serait-ce avec un Jeune-homme ? O ! mon cher De-Sac*, vous ne voudriez pas immoler votre Pupile, votre Amie, ce que vous avez de plus cher, à l'un de ces Etourdis, dont le *catoniſme* aparent cache la dureté, l'égoïſme, la diſſipation, l'opiniâtreté, la luxure & tous les vices.

Prenez donc les diſpositions que je desire : Ne dites plus, *qu'on ne peut être aimé après quarante ans :* Qui vous dit que je vous aime ? Je vous eſtime, je vous honore, je penſe comme vous, j'ai confiance en vous, je vous ſuis toute dévouée; voila tout: mais je ne vous aime pas. Je vous le dis, mais bien ſincèrement, j'aurais une extrême répugnance à vous voir, comme Amant, ſoupirer à mes piéds; cela n'irait ni à vous, ni à moi: Paſſe encore, lorſque vous ſerez mon Mari.... Mais point d'amourette; je n'en voudrais pas plûs avec vous, qu'avec les Autres.

Adieu, mon Ami: je vous laiſſe avec ma *Dinah*.

L'AMOUR JUIF.

IL y a quelque temps qu'une jeune Juive extrêmement jolie, fit une impreſſion fort vive ſur un Homme de la même nation, âgé d'environ trente-cinq ans. Cet Homme était prêt d'abjurer le judaïſme, lorſqu'il connut *Dinah** *Lange* (c'eſt le nom de la Jeune-perſone) & qu'il en devint éperdûment amoureux. Il était riche, & favorisé par le Frè-

* Les noms ſont écrits conformément à l'Hébreu, dont ſouvent la Vulgate diffère beaucoup. (*Note de l'Editeur.*)

re de Dinah, néophite comme lui : mais ſon changement de religion ne pouvait manquer d'être un obſtacle à ſon bonheur. Auſſi n'eut-il garde de ſe préſenter chés les Parens de Dinah, dont il était connu : Il fit enſorte de lui parler dans une maiſon tierce où elle alait ſouvent, en ſe déguiſant ſous le nom de ſon Frère aîné, fort eſtimé de ſa nation. Il réüſſit. Talhi eſt aſſés familière avec cette aimable Juive, pour qu'elle lui ait fait une confidence entière de ſon Avanture. Le but de *Jarobham Moravi*, était de ſe faire aimer de Dinah, de l'engager à abjurer comme lui, & de l'épouſer enſuite. Comme de trop fréquentes entrevues auraient été remarquées, ils ſ'écrivirent ; & leur correſpondance va vous aprendre ce qui arriva.

Première Lettre.

le 1 de la lune de niſan (mars).

Jarobham, fils d'Eliaſaph, à Dinah, fille d'Eliſur.

Puisqu'il ne m'eſt pas permis de vous voir auſſi longtemps que je le voudrais, Lumière de ma vie, il faut donc vous écrire.

Charmante DINAH ! vous êtes belle, comme la Fille chérie de notre père Jacob dont vous portez le nom. Le plus noble ſang de l'univers coule dans vos veines ; car on ne peut avoir tant d'atttaits, ſans deſcendre de la famille royale du grand Salomon. Aureſte, Abraham eſt notre Père à tous-deux, & quel Mortel égala jamais Abraham ! . . . Belle Dinah, votre Frère, du même ſang que vous, eſt épris de vos céleſtes attraits : Ferez-vous le malheur de votre Frère, qui eſt du même ſang que vous, parce qu'il n'eſt déja plus dans la fleur de la jeuneſſe ? Non, belle Dinah : Vous ſerez ſenſible au tendre amour que vous avez fait naître dans ſon ſein ; vous répondrez à ſa Lettre, & vous lui direz : *Jarobham, fils d'Elisur, Dinah, fille d'Eliasaph ne veut point votre malheur, comme Dinah, fille de notre père Jacob, voulut celui de Sechem fils d'Hamor, qui l'avait enlevée ; ce qui fit qu'elle permit à ſes deux Frères Siméon & Levi, de maſſacrer tous les mâles dans la ville de Sechem, le troisième jour après la circoncision, auquel la douleur eſt plus violente.*

II.de LETTRE.

le 20 de la lune de nisan.

Dinah, fille d'Élisur, à Jarobham, fils d'Eliasaph.

VOTRE Lettre m'a surprise, mais elle ne m'a point affligée : car je me suis rapelé que Ruth, moabite, laquelle avait épousé Chilion, fils de Noami de la tribu d'Éphraïm, dont elle était demeurée veuve fort jeune, ne dédaigna pas la recherche de Boaz, déja vieillard ; & que loin de-là, ce fut elle qui le rechercha la première, par le conseil de Noami sa bellemère : Car Noami voyant l'attachement de cette vertueuse Étrangère pour sa persone, & pour la religion de nos Pères, elle la bénit, la garda, & l'envoya glaner au temps de la moisson : Et lorsqu'elle eut aprit comment Boaz l'avait humainement traitée, suivant cette parole du Seigneur, *Vous laisserez des épics dans votre champ, & des raisins à votre vigne, pour que le Pauvre & l'Étranger qui vivent au milieu de vous, les ramassent :* elle lui dit : —*Ce Boaz est notre Parent : Ce soir il vannera son bléd dans l'aire;*

Lavez-vous donc, & parfumez-vous ; prenez vos plus beaux habits, & descendez proche son aire, fesant ensorte que l'Homme ne vous voye pas qu'il n'ait fini son ouvrage, & qu'il n'ait mangé & bu. Mais quand il aura mangé & bu, & qu'il aura été dormir, remarquez bien le lieu : & lorsqu'il sera plongé dans le sommeil, vous vous approcherez ; vous leverez le manteau qui lui couvre les pieds, & vous vous coucherez-là. Et il vous dira lui-même ce que vous devrez faire—. Ruth répondit : —*Je ferai tout ce que vous m'avez commandé*—. Et elle le fit sans répugnance. Et vous savez comment Boaz l'épousa, & comme elle fut heureuse, ainsi que Noami sa bellemère. Car Noami, transportée de joie, portait dans ses bras le petit Obed, fils de Boaz & de Ruth : & les Femmes lui disaient : —Noami est plus heureuse, que si elle avait eu sept Fils—. Ecoutez donc les paroles de Dinah, fille d'Elisur, ô Jarobham, fils d'Eliasaph : Vous n'êtes point un Vieillard comme Boaz ; mais quand vous seriez un Vieillard, comme Boaz, je n'aurais point de répugnance pour vous.

III.me

III.me LETTRE.

le 1 de la lune d'ijar (avril).

Jarobham, fils d'Eliasaph, à Dinah, fille d'Elisur.

BELLE Dinah, je ſoupirais après votre Réponſe, comme le cerf altéré desire l'eau des fontaines : elle m'a fortifié le cœur, comme le rayon de miel, dont goûta Jonathan, fils de Saül, après qu'il eut attaqué ſeul, avec ſon Écuyer, & défait les Péliſthins, campés ſur les deux rochers Bosès & Senneh, à l'extrémité du pays de Ghibhah, dans la contrée de Mighron : Car il était exténué de besoin, & tombait de laſſitude : il étendit donc ſa baguette, la trempa dans un rayon de miel, qu'il trouva dans une forêt, & le portant à ſa bouche, il en mangea ; & ſes ſes yeux éteints revirent la lumière. C'eſt l'image de l'état de langueur où j'étais, en attendant votre Lettre, ô Dinah, la plus belle des Filles d'Iſrael, & dont aucune des Filles des Gentils ne peut égaler les attraits. Si-donc Jarobham a plu à vos yeux, donnez-lui un ſigne de votre volonté, comme fit la belle Michal, fille du roi Saül, au jeune David. Car Saül avait promis à David Merab sa fille aînée, pour avoir tué le géant Goliath : mais Michal la cadette ayant vu David, elle ne put lui refuser son cœur, & sut bien le lui faire connaître; de-sorte que David suporta patiemment que Merab fût donné à Hadriel le Mécholatite, & qu'il accepta de grand cœur la condition d'aporter cent prépuces de *Pélisthins*. Et Saül avait dit à ses Gens, lorsqu'il avait apris l'amour de sa Fille cadette pour le jeune David; —Je la lui donnerai, afin qu'elle soit le filet dans lequel je le prendrai, pour le faire tomber entre les mains des *Pélisthins*—. Mais David, pour montrer la force de son amour pour Michal, & la grandeur de son courage, en aporta deux-cents. Aussi, lorsque Saül voulut faire surprendre David chés lui, Michal le fit-elle échaper, en le descendant par la fenêtre dans une corbeille, & mettant en sa place dans son lit une statue de cire, qu'elle leur fit prendre pour David malade : Ce qui sauva ce tendre & magnanime Époux.

J'ôse donc vous prier, belle Dinah, non

de m'accorder une aussi grande faveur, mais de m'indiquer un lieu où je puisse vous voir & vous parler en secret, afin que nos cœurs puissent s'entendre, & s'unir d'une même volonté, comme les cœurs de David & de Jonathan: à-moins que mon âge, plus avancé que le vôtre, ne fût encore un obstacle à cette précieuse marque de votre affection.

IV.me LETTRE.

14 de la lune d'ijar.

Dinah, fille d'Elisur, à Jarobham, fils d'Eliasaph.

QUAND *le Seigneur ton Dieu t'aura introduit dans la terre qu'il doit te donner, tu ne contracteras point d'alliance avec les Peuples qui l'habitent; tu ne leur donneras point ta Fille, & tu ne prendras point leur Fille pour ton Fils.... de-peur qu'ils ne te fassent adorer leurs Dieux.* O Jarobham! vous êtes un Homme de ma nation, & je suis une Fille de la maison d'Israel; je vous respecterai comme mon Père & mon Époux. Venez donc en assurance demain quinze de la lune du mois d'ijar, au *Jardin des*

Plantes. Vous me trouverez auprès du baſſin, & mon cœur ſ'ouvrira devant vous, comme le lis au lever du ſoleil.

V.me LETTRE.

le 1 de la lune de ſilvan (mai.)

Jarobham, fils d'Eliasaph, à Dinah, fille d'Elisur.

QUE *vous êtes belle, ô mon Amie, que vous êtes belle! vos yeux ſont comme ceux des colombes; ils ſont ombragés par les boucles de vos cheveux; de vos cheveux, qui ornent votre tête, comme les troupeaux de chèvres couvrent la fertile montagne de Ghilad: vos dents ſont blanches comme la brebis qui ſort du lavoir. Vos lèvres reſſemblent à un fil de pourpre; vos joues ſont recouvertes d'un fin duvet, comme la pêche delicieuse: votre col eſt dégagé comme la colone de David... Vous êtes belle, ô mon Amie, & il n'y a point de défaut en vous! Venez avec moi du Liban, mon Épouse, venez du Liban, venez: Vous paſſerez en ſureté ſur le ſommet d'Amanah, de Sanir & d'Hermon, où ſont les antres des lions, & la retraite des léopards.... Vous avez bleſſé mon cœur, ô ma*

Sœur mon Épouse, vous avez blessé mon cœur par vos beaux yeux; vos beaux cheveux sont les lacs où vous m'avez pris. Que votre sein est beau, ô ma Sœur mon Épouse! .... Le miel distile de vos lèvres; le miel & le lait sont sur votre langue.... Vous êtes un jardin fermé, ma Sœur mon Épouse, vous êtes un jardin fermé; vous êtes une fontaine scellée: Les arbres de votre jardin produisent la grenade, le nard & le cypre; le nard & le safran; l'encens & le cinnamome, la myrrhe & l'aloès, & tous les parfums: La fontaine des Jardins est une source toujours vive, comme celles qui coulent du Liban. Aquilon, élève-toi; souffle, vent du midi, agite les arbres de mon Jardin, afin qu'ils donnent leurs aromates.

C'est ainsi, belle Dinah, que le grand Salomon chantait ses amours, lorsque la belle Sulamite lui eut avoué qu'elle l'aimait. O mon Amie, toutes ces choses ont un sens figuré. Accordez-moi encore un entretien comme celui que nous avons eu, & je vous parlerai plus clairement.

VI.me Lettre.

Dinah, fille d'Elisur, à Jarobham, fils d'Eliasaph.

le 6 de la lune de silvan.

Que *mon Bienaimé vienne dans son jardin, & qu'il en mange les fruits delicieux.* O Jarobham, le saint Prophète me fournit lui-même la réponse à ta Lettre : car ce passage commence précisément à l'endroit du Cantique où tu en ês resté.

Que m'a-t-on dit? Un de tes Frères, ton Cadet, je pense, veut abandonner la sainte loi de nos Pères. O l'Infortuné!... Mais les crimes sont personels, & *Dieu ne punira pas la faute des Pères sur les Enfans*, ni sur les Frères. Empêche ce mal, s'il est possible, Jarobham, & viens demain au *Jardin des Plantes.*

VII.me Lettre.

Jarobham, fils d'Eliasaph, à Dinah, fille d'Elisur.

le 20 de la lune de silvan.

O Dinah! vous avez attristé mon cœur, dans notre entrevue d'hier. Votre beau visage était abatu, & le soleil de mon âme était couvert d'un nuage. Qu'aviez-vous, & pourquoi ces ſoupirs? Vous étiez ſi gaie le 7, à notre promenade du Jardin? Vous ſaviez pourtant la resolution de mon Frère? O Dinah! vous avez attriſté mon cœur! Dinah! Dinah! rendez la lumière à mes yeux, l'harmonie à mon oreille, à mon odorat, l'odeur de la rose; la ſaveur du miel à mes lèvres; à mes doigts, le tact de votre belle main, & la joie à mon cœur!

VIII.me LETTRE

Dinah, fille d'Elisur, à Selumiel (*), fils d'Eliasaph.

le 22 de la lune de ſilvan.

COMMENT ôses-tu, malheureux, élever ta penſée juſque ſur une Fille de Sion! Tu quittes le Dieu de tes Pères, & tu parles encore le langage des ſaints Prophètes!.... Tu as menti ton nom, comme Jaacob; mais non pour obtenir la bénédiction de ton Père, comme lui; tu as menti ton nom, depeur d'être maudi par

(*) C'eſt le vrai nom du faux Jarobham.

la Fille de ton Peuple. Selumiel !... Hélas ! bientôt vousne porterez plus ce nom !.... Selumiel, je vous aimais; je vous regardais comme un ſecond Père ; car un Époux eſt pour nous un ſecond Père. . . . Je ſuis Française, & née à Paris ; mais vous le ſavez, Jarobham, notre nation diſperſée, conſerve les mœurs & le langage de nos Pères, ces mœurs ſimples & pures, que les Sages, d'entre les Gentils qui nous environnent, regrettent, mais qu'ils ne peuvent rapeler. Qu'eſpérez-vous donc trouver avec eux ? leurs mœurs ne valent pas les nôtres ; leurs Femmes ſont hautaines, capricieuses, coquettes, infidelles ; leurs Enfans peu ſoumis, ſans piété filiale ; leur religion eſt moins ancienne & moins prouvée ; c'eſt un ſimple jet, dont la nôtre eſt la ſouche : les Chretiens ſont moins unis que nous ; la fraternité eſt éteinte parmi eux, & les Infortunés ſont tous étrangers l'un pour l'autre : Ils ſe haïſſent ; ils ſe déchirent ; ils ſe volent ; ils ſe mangent ; ils n'ont rien conſervé de ces principes de charité qui ont autrefois ébloui le monde. Eſt-ce avec eux que vous voulez vivre ! O Jarobham ! revenez au Dieu d'Abraham, d'Ishac, & de Jaacob ; Dinah vous en conjure : Revenez ; elle vous aimait comme un Père ; elle vous chérira comme un Fils.... Épouseriez-vous une Chrétienne à votre âge ! Hélas ! que je vous plaindrais ! Ces Femmes veulent de la jeunesse, de la beauté, des dehors brillans, l'usage de leur beau-monde ; & tout cela ne les fixe pas encore. Nous, Selumiel, nous ne voulons qu'un cœur sensible, & des mœurs pures. Choisissez : mais que le silence m'indique seul que vous êtes perdu.

IX.me LETTRE.

le 1 de la lune de tamuz (juin).

SELUMIEL MORAVI, à LEVI LANGE.

JE me meurs, cher Levi ; les paroles de ta Sœur sont un poignard qui me perce le sein. Tu connais la religion que nous voulons embrasser ; elle est la perfection & l'accomplissement de la nôtre. Je ne cesse pas d'être Juif, & membre du Peuple de Dieu, en la professant ; je reconnais aucontraire que Dieu a tenu la promesse qu'il avait faite à nos Pères : Je crois à la plus glorieuse marque de l'amour de ce grand Dieu pour les Enfans d'Abraham, puisque je confesse qu'il a voulu que son Fils devînt notre frère, & prît chair dans notre nation. O Levi, toi qui as vu la lumière, parle à ta Sœur, & fais-lui comprendre ce que tu sais mieux que moi. Cher Levi, il y va de ma vie, ou de mon salut : Car je ne saurais vivre sans ta Sœur.

X.me LETTRE.

le 2 de la lune de tamuz

LEVI, à SELUMIEL.

PRENS courage, Selumiel, & ne te laisse point abbatre, comme fit Saül au discours mensongers de la Pythonisse de Hendor. J'ai parlé à ma Sœur : Au seul nom de Jesuah, je l'ai vu rougir de colère : mais j'ai continué de parler ; & prenant les Prophètes, depuis Moseh, jusqu'à Malachi, je lui ai expliqué les Ecritures. Insensiblement, elle s'est calmée ; & lorsque j'ai eu presque fini, elle m'a dit en souriant : —*Est-ce que Saül est aussi entre les Prophètes ?* fesant allusion à ce que j'ai été libertin. Ensuite elle a expressément exigé, que je lui fisse assurer par un Prêtre chretien, qu'elle ne cesserait pas d'être Juive, en devenant Chretienne. J'ai sur-le-champ couru chés le Curé de S**** : Il m'a accompagné chés Madame Talhi, où s'était rendue ma Sœur; & voici comme il lui a parlé : —Vous cesserez, Mademoiselle, de faire corps avec la nation Juive réprouvée; mais vous serez toujours, & plus véritablement que jamais, fille du saint Patriarche Abraham, puisque vous recueillerez l'effet des promesses qui lui ont été faites—. Il lui a expliqué ensuite la fameuse prophétie de Jaacob, & les plus claires du prophète Jesaïahu. Ma Sœur ne répondait rien. Elle a soupiré. Mademoiselle Talhi est venue l'embrasser, en lui disant : —Vous serez ma Sœur, celle de Mademoiselle Élise, & de toutes nos bonnes Amies. —Dinah a encore soupiré, en disant : —O Selumiel? serait--il possible—! Nous en sommes-là; & le Prêtre lui-même, qui a vu combien ma Sœur a de piété, ne l'a pas preſſée davantage ; il lui a ſeulement dit : —Mademoiselle, vous n'avez rien à changer à vos ſentimens envers Dieu & vos Parens—. Adieu, Selumiel.

XI.me LETTRE.

le 10 de la lune de tamuz.

Jarobham, fils d'Eliasaph, à l'apoſtat Selumiel.

POURQUOI l'Ange de la mort n'a-t-il pas tranché le fil de tes jours, lorſque tu étais encore au berceau ? ou pourquoi, lorſqu'au jour du jugement du Seigneur, tu étais prêt à tomber d'une fenêtre élevée, t'ai-je retenu d'un bras vigoureux, & t'ai-je ſauvé la vie? Inſenſé ! je ne voyais pas que tu étais proſcrit par Dieu même! Ah ! que ne t'ai-je percé le cœur de trois dards, comme fit Joab à l'impie Abſalom ! aujourd'hui, je ne verrais pas la face vénérable de mon Père baignée de larmes, & ſes cheveux blancs ſouillés de pouſſière : je ne verrais pas Celle qui m'a porté dans ſes flancs, ſe meurtrir le ſein, & maudire la mammelle qui m'a alaité. Fils de Bélial, & non d'Eliasaph, qui t'a donc perverti le jugement ! Tu tombes,

& tu fais tomber ta Sœur la fille de ton Frère, & le Frère de ta Sœur; & tu plonges dans le deuil deux familles, heureuses si tu n'étais pas né! .... Ainsi la lampe de l'Ange qui, à l'instant où ton âme fut unie à ton corps, devait te faire voir le *ciel*, la *terre* & l'*enfer*, a été éteinte dans ses mains par ton Mauvais-génie: tu n'as pas vus les saints Prophètes, ni la mer de feu, ni le suplice des Mécréans, & ton âme ne peut rien se rapeler qui l'éclaire...... Ecoute donc la parole d'Eliasaph, fils de Charmi, fils de Zabdi, fils de Zaré, de la tribu d'Ephraïm, qu'il te fait entendre par Jarobham son fils aîné fidèle à la loi du Dieu de nos Pères, que tu abandonnes: —Maudis sois-tu, au nom du Seigneur, comme Ham, père de Chenaan, qui vit la nudité de son Père, & qui en rit: Maudis sois-tu au nom du Seigneur, comme Absalom, qui connut les Femmes de son père David, en présence de tout Israel: Maudis sois-tu au nom du Seigneur, comme Aman, qui conjura contre le Peuple de Dieu: Maudis sois-tu au nom du Seigneur, comme Antiochus, qui pollua la maison de Dieu : Maudis sois-tu, au nom du Seigneur, comme celui qui a découvert la honte de sa Mère, la honte de sa Sœur, la honte de sa Tante, & qui s'est abandonné à tous les excès, dont Dieu a dit à nos Pères, Que celui qui les a commis soit exterminé du milieu de son Peuple : Ainsi me fasse le Seigneur & me doint, je te maudis au nom de tous nos Frères, & t'exclus de l'héritage d'Abraham, d'Ishac & de Jaacob—. Telles sont les paroles d'Eliasaph fils de Charmi, fils de Zabdi, fils de Zaré, prononcées par la bouche de Jarobham, son fils aîné, dans l'église de Dieu, contre l'apostat Selumiel.

XII.me LETTRE.

le 12 de la lune de tamuz.

SELUMIEL, à JAROBHAM

JE baise la poussière de tes piéds, & je me prosterne devant mon Père & devant ma Mère. J'adore le Dieu vivant, & ne suis point apostat : Je n'ai point fait tomber Dinah, fille d'Elisur ; mais elle, son frère Levi & moi, nous avons ouvert notre bouche aride à la céleste rosée de la divine parole ; *Le sceptre ne sera point ôté de Jéhudah, & le Législateur de ses piéds, jusqu'à ce que vienne Siloh, & les Peuples s'uniront à lui.* Le sceptre a été ôté de Jehudah ; Siloh est donc venu ; les Peuples se sont unis à Siloh ; la prophétie est donc accomplie. Que le Dieu d'Abraham, d'Isçhaç & de Jaacob vous éclaire, ô Jarobham, & qu'il illumine la face de nos vénérables Parens.

Quant à Dinah, elle hésite encore ; mais son frère Levi & moi, nous avons reçu la lumière.

Je baise la poussière de tes piéds, ô Jaroçham, & je me prosterne devant mon Père & devant ma Mère, les supliant de révoquer leur malédiction ; de-peur qu'elle n'irrite le Père des miséricordes.

XIII.me LETTRE.

le 14 de la lune de tamuz,

DINAH, à SELUMIEL.

MES larmes coulent ; mais tu m'as persuadée.... Ah ! serait-ce l'amour qui m'aurait persuadée ! ... Non, ce n'est pas l'amour qui m'a persuadée; c'est la lumière qui m'a éclairée; la céleste & divine lumière, semblable à la colone de feu qui éclaira nos Pères pendant la nuit dans le desert... Mais je pleure, ô Selumiel.... Ne peut-on pas être Chretienne, & ne s'allier que dans sa Nation, selon le précepte du Seigneur? .... O Fils d'Eliasaph! je ne puis suporter l'idée de voir notre postérité confondue.... Hélas! il le faudra pourtant... Selumiel, je n'ai plus de famille! tu ês mon Père, ma Mère, mes Frères & mes Sœurs, & mes Oncles & mes Tantes; tout, excepté Levi, abandonne Dinah! on la maudit! ... Bénissez-la, Seigneur; car elle est toujours fille d'Abraham. Viens me voir ce soir.... Ah! sous quels auspices j'irai aux autels! Le chandelier à sept branches ne sera point alumé! .... Adieu, je suffoque.

XIV.me LETTRE.

le 20 de la lune de tamuz.

SELUMIEL, à DINAH.

J'ai entendu la Colombe gémir, & j'ai dit: Elle gémit, la tendre Colombe: & mon

mon cœur a palpité. O ma Bienaimée, le ſang d'Abraham, peut-il ceſſer d'être le ſang d'Abraham? Mais ton âme eſt craintive & délicate; elle eſt timide comme le jeune faon, abandonné par ſa mère. Et tu as dit: —J'écrirai à mon Bienaimé pour qu'il me conſole—. Et tu m'as écris; & tu ſeras conſolée par les paroles de ma bouche. Réjouis-toi, ô Dinah; car ta joie dilate deux cœurs; mais celui de ton Bienaimé plûs que le tien.

Que verrez-vous dans la Sulamite? Sa marche eſt pleine de grâce; ſes pieds éblouiſſent par la beauté de ſa chauſſure;... ſa taille eſt comme la palme. Elle me dira: *Je ſuis à mon Bienaimé; tous ſes desirs ſont pour moi.*

XV.me LETTRE.

le 24 de la lune de tamuz.

DINAH, à SELUMIEL.

JE ſuis à mon Bienaimé; tous ſes desirs ſont pour moi. Viens, mon Bienaimé.... Ah! qui te rendra comme mon Frère, afin que Perſone ne me mépriſe! Je te prendrais;

je t'introduirais dans la maison de ma Mère, & tu m'instruirais : ta main gaûche serait sur mon cou ; & ta droite autour de ma taille. . . L'amour est fort comme la mort.

Selumiel, pourquoi avais-tu dit à mon Frère : —Si ta Sœur ne me croit pas Jarobham, elle ne m'aimera point—. Est-ce le nom, ou toi qui m'as paru aimable ! C'est toi, & non pas un mot, qui n'est qu'un son. Je ne te crois plus Jarobham, Selumiel, & je t'aime toujours. Il est vrai que Jarobham a des vertus : mais Selumiel n'est pas indigne d'être son frère.

Le Prêtre est venu : Il est savant comme le Rabbin Moseh : il me convainc : mais l'aimable Talhi me persuade, & la belle Élise me fait aimer sa loi. Adieu, Selumiel. J'ai pourtant au cœur une cruelle inquiétude : *Honore ton Père & ta Mère.* Je les honore, ô mon Dieu ! vous savez que je les honore. Le Prêtre ne veut pas que je te voye avant trois jours. Croit-il que tu distrairais mon cœur de la vue de Dieu ? Oh ! comme il se trompe !

XVI.me LETTRE.

le 1 de la lune d'ab (juillet).

SELUMIEL, à DINAH.

ES-TU heureuse, ma Dinah ? . . . Oui, j'ai vu la joie briller dans tes beaux yeux. Ah! ma Sœur mon Épouse, qu'elles ſont aimables, ces jeunes Chretiennes avec quî l'amitié te lie! qu'elles ſont généreuses! comme elles préviennent tes moindres desirs, & comme mon cœur bondit de reconnaiſſance! Je ſerai abſent juſqu'au 6 de la lune d'élul : je ſerai abſent un ſiecle. Adieu, Dinah, juſqu'au 6 de la lune d'élul, ſi je puis vivre juſques-là privé de l'âme de mon âme.

DERNIÈRE LETTRE.

le 1 de la lune d'élul (août).

DINAH, à SELUMIEL.

O mon Époux, tu m'ês un Époux de ſang, comme *Moseh* le fut à Sipporah. Lis, & pleure ſur le ſort de ton Épouse.

Je vivais tranquille (car je n'étais pas

heureuse en ton abſence), avec l'aimable Talhi, la charmante Élise, & leurs Amies : Un jour (c'était le 14 de la lune d'ab) je vois entrer mes deux jeunes Sœurs, & mon autre Frère. Je cours audevant d'eux ; je les embraſſe, je les careſſe, comme une Mère tendre careſſe ſes Enfans au retour d'un long voyage. Ils pleuraient de joie de me revoir ; & mes yeux formaient deux ruiſſeaux de larmes. En cet inſtant, je vois ma Mère ſur le ſeuil de la porte : je vole à *elle* ; je me jette à ſes piéds ; je les baise. Je me ſens relever par une main robuſte ; je retourne la tête : j'étais dans les bras de mon Père. Mon cœur ſ'eſt fondu, comme la cire devant un feu ardent : —Mon Père, mon cher Père—, ai-je dit ; & je me ſuis évanouie.... En revenant à moi, je me ſuis vue trempée de leurs larmes. —Ma fille, ma bienaimée, m'a dit mon Père, tu as encore un cœur ! —Le cœur d'une Fille qui vous honore, après Dieu, plûs que tout au monde, ai-je répondu. —Tu n'as pas abjuré la nature, & ta nation ! —Ni ma nation, ni la nature, ô mon Père ; mon cher Père—! Et je lui baisais les mains. Ses yeux, voilés par sa chevelure vénérable, ruisselaient sur moi. Et moi, je lui baisais les mains, & sa chevelure vénérable. —O Dinah—! a-t-il dit, avec un profond soupir, qui m'a nâvré le cœur. —O Dinah—! a-t-il répété avec un cri aigu, qui m'a déchiré l'âme. —O mon Père! —As-tu renoncé le Dieu de tes Pères? —Non, mon cher Papa: mon Dieu est le Dieu d'Elisur, fils de Saphat, fils d'Hori, fils d'Igal, fils d'Hosea, qui soient à jamais bénis de Dieu. —Si tu n'as pas renoncé au Dieu de tes Pères, viens, suis-nous. —L'aimable Talhi voyant que je tremblais de tout mon corps sans répondre, a dit: —Monsieur, il ne faut pas lui faire violence. —Violence! ah Madame! sont-ce des malheureux Bannis qui font violence! nous sommes ici chés nos Maitres: violence! des Captifs feront-ils violence! *Etant sur le bord des fleuves de Babylone, nous nous y sommes assis, & nous y avons pleuré en nous souvenant de Sion—*. O Sélumiel! ces mots m'ont fendu le cœur. Je me suis jetée aux genoux de mon Père; je me ſuis mise la face dans la pouſſière. —Viens, ma Dinah, me disait-il tout-bas, viens me rendre la vie: Que je te doive la vie, ô Fille chérie de mon cœur, ſans laquelle je n'ai pu vivre. Ton Séducteur eſt abſent, viens, quitte Baal, & reviens au vrai Dieu, qui a tiré nos Pères de l'Egypte, & qui finira un-jour les maux de ſon Peuple—.

J'ai bien vu alors qu'il falait parler clairement à ce reſpectable Père. —O mon Père! je ne ſaurais fuir mon Époux: ô mon Père! je ſuis fille d'Abraham & chretienne—. A ces mots, ſes larmes ont tari. Il ſ'eſt recueilli: un ſilence.... qu'il était terrible!... un profond ſilence a règné ſur ſes lèvres. Je tremblais immobile devant lui. Il a pouſſé un cri perçant, & ſ'eſt panché dans les bras de ma Mère. —Mes Enfans! mes Enfans! (ſ'eſt-il écrié) environnez-moi! ... adieu, mes Enfans! ... O Fille de mort (m'a-t-il dit) Fille altérée de mon ſang, je vais l'offrir à mon Dieu pour toi— En-même-temps, il ſ'eſt enveloppé le visage. Et me tendant la main: —Approche—! Je me ſuis

aprochée, croyant qu'il demandait ma vie. Je l'offrais de bon-cœur. J'ai détourné la vue, en disant, —Frapez. —Je frape—! a dit une voix expirante. Et je me sens inondée de sang bouillonant...... O Selumiel! c'était le sang... de mon Père! ... Il est mort! .... Et je vis! .... —Abreuvez-la, disait-il en expirant, abreuvez-la du sang de la Victime... O Dieu! convertis ma Fille, & reçois ma vie—.

Depuis ce moment, je ne vis plus; je meurs à tous les instans. Ma Mère... mes Sœurs .... mon jeune Frère. ..... hélas! ils pleurent, & ne m'ont point maudite! ....

Reviens, ô Selumiel! reviens avec Levi, pour recueillir mon dernier soupir!

Voila, mon Ami, la cruelle catastrophe qu'a produit la conversion de Dinah & de son Frère. On a fait en-sorte qu'elle demeurât secrette, à-cause de la religion qui y est intéressée. Nos soins ont un-peu calmé cette Jeune-persone jusqu'à l'arrivée de son Mari & de son Frère: Elle va de-mieux-enmieux à-présent : Sa Mère & ſes Sœurs la voient tous les jours, & il y a lieu de présumer qu'elles goûtent les principes conſolans de notre religion : un ſeul point les arrête ; c'eſt qu'après leur changement, elles ne feront plus corps avec leur nation, & ſe trouveront confondues avec les races chretiennes : elles regrettent extrêmement cette ſorte de nobleſſe, que leur donne le ſang du patriarche Abraham. Nous tâchons de les guérir de ce préjugé, en leur représentant que tous les Hommes ſont frères, & tous égaux devant Dieu. Ce point une-fois gâgné avec elles, tout ſera dit.

Dinah eſt la plus eſtimable des Épouses : les principes que l'on donne aux Femmes chés ces Juifs, ſont excélens : c'eſt la plus tendre des Filles ; & elle ſera une mère incomparable. Toutes ces vertus tiennent au reſpect pour le Mari. Le ſien aproche quarante ans ; & cependant comme elle l'aime, malgré tout ce qu'il lui coûte !

TREIZIÈME

TREIZIÈME LETTRE.

Réponse du Quadragenaire.

mardi, à Versailles.

Bien dit, ma chère Élise ! que tout cela est bien dit ! vous êtes une admirable Fille ! mais vous touchez loin de votre but. Quoi ! le plus modestement du monde, en fesant bien la desintéressée, vous tracez le portrait d'un Mari d'une perfection un-peu plûs qu'angélique ; & puis en finissant, vous me dites: —Et c'est vous qui serez ce Mari-là—! ... Non, je n'ai pas les défauts grossiers dont l'exemption vous suffit (dites-vous ;) & si vous vous en teniez-là, nous serions d'accord : mais l'idée que vous vous formez d'un Homme, qui d'un mot vous décidera ; dont l'impassible sagesse sera pour vous un guide sûr, infaillible, cette idée est une chimère, que je ne réaliserai pas. Je m'étais toujours bien douté que c'était la haute idée que vous aviez de ma prétendue perfection qui vous avait séduite,

& je ſuis charmé de vous faire revenir ſur mon compte.

J'ai été marié, comme vous le ſavez: Mon Épouse, & votre Mère étaient Filles de chacun des deux Époux ſans être Sœurs, étant nées d'un mariage différent. C'eſt en vous feſant l'Hiſtoire de l'union malheureuse dans laquelle j'ai vécu, chère Élise, que je vous donnerai de moi une juſte idée. Je ne déguiserai rien; car ſi je voulais vous tromper, il ſuffirait de vous laiſſer dans l'opinion où vous êtes.

Mais il faut auparavant que je vous dise un mot de vos petites *Lettres Juives*, dont je vous remercie bien ſincèrement: elles m'ont fait le plus grand plaisir par leur vérité, & l'*Hiſtoire* de la belle *Dinah* m'a intéreſſé vivement. La nouvelle Religion qu'elle profeſſe lui coûte bien cher! Cependant je félicite M. *Moravi*, que je connais beaucoup, du bonheur qu'il a eu de la déterminer: car je ne ſais qu'une Fille dans le monde, dont les excélentes diſpositions ſurpaſſent celles de Dinah........ Je reviens à mon Récit.

HISTOIRE DU QUADRAGENAIRE.

Première Partie.

Le nom de Sac* est le ſeul, ſous lequel vous me connaiſſiez ; cependant celui de ma famille eſt *Glancé*. Quant à mon origine, elle pourrait enorgueillir un Homme modeſte. J'ai reçu d'excélens principes de mes Parens pour la morale, mais on négligea beaucoup mon éducation pour les ſciences. Je tâchai de réparer, dans l'âge de raison, en étudiant ſeul, le tort que m'avait fait l'ignorance ou la mauvaise-volonté de mes Maîtres ; & je dus quelque temps à ce goût pour l'étude la conſervation de mes mœurs. Les Villes ſont un écueil dangereux pour les Jeunes-gens aisés de la campagne ; mais il eſt inévitable : il leur ferait très préjudiciable de demeurer enſevelis dans l'ignorance des Paysans ; il faut donc qu'ils affrontent le danger : heureux ceux qui peuvent l'éviter !

En arrivant à Lyon, où mes Parens m'envoyèrent, j'éprouvai une ſorte d'ivreſſe : ce qui la causa principalement, ce furent les Femmes : je n'avais connu juſqu'alors que des Paysanes groſſières ; en voyant les Élégantes des villes, je les pris pour des Fées. Dans les premiers temps de mon ſéjour, tous les Objets fesaient ſur mes ſens une égale impreſſion : mais au bout de quelques mois, je commençai à particulariser mes idées & mon goût. Malheureusement ce fut une Femme mariée qui me fixa ; l'Épouse de l'Ami chés lequel mon Père m'avait placé.

C'était un Homme de cinquante ans : La Dame en avait environ vingt-ſix, & ils étaient mariés depuis ſept à huit ; il ne leur était reſté pour fruit de leur union, de plusieurs Enfans, qu'une Fille de la plus heureuse figure. Cette paſſion me donna, pendant quatre ans, l'aparence de toutes les vertus. J'étais attentif, complaisant, exact à remplir mes devoirs ; je fis des progrès rapides dans les choses que je devais aprendre, & l'on me citait pour modèle à mes Camarades. Aulieu de chercher comme eux la diſſipation, je demeurais à lire ou à étudiet. Mais les fruits du desordre ne ſauraient être foncièrement les mêmes que ceux d'une conduite règlée. La Dame que j'aimais, fut remarquée par un Homme diſtingué; il lui rendit des ſoins qui lui plurent: je fus diſgracié: ma vertu factice n'étant plus exaltée par l'amour, je retombai audeſſous de moi-même, & tout mon mérite diſparut. Je quittai cette maison, & je vins dans la Capitale pleurer une Inconſtante, ou chercher à l'oublier.

J'y réüſſis bientôt; & tel eſt l'effet de la paſſion dangereuse que je venais d'éprouver, que lorſqu'elle a ceſſé, elle laiſſe dans l'âme un vide, que le vice remplit toujours. Mon amour m'avait fait ſouffrir; j'étais encore effrayé des peines qu'il m'avait causées; & pour me les épargner dans la ſuite, ſans renoncer aux plaisirs auxquels j'étais accoutumé, je crus qu'il ſuffirait d'éviter tout attachement: Je me livrai à la diſſipation; nom honnête que l'on eſt convenu de donner au libertinage des Jeunes-gens.

Je ne vous ferai point le tableau de ma conduite pendant un temps conſidérable: il y aurait plûs d'imprudence que de modestie ; puisque je vous dirais des choses qui blesseraient votre délicatesse ; & que d'un autre côté, il ne serait pas juste que vous prîssiez une idée de moi, sur ce que j'étais alors.

J'avais tout oublié, & je vivais d'une manière digne des Libertins que je fréquentais, lorsqu'un de mes anciens Camarades vint à Paris : Il m'aprit la mort de Celle que j'avais regrettée ; elle me fit trembler ; mais l'impression s'effaça. Je me liai intimement avec M. *Dangeliers* : (c'est le nom de votre Père, ma chère Élise, & *Virginie* est votre mère : M. *De-Poin***, quoique votre parent, n'était qu'un bienfaiteur : Vous voyez que j'avais raison de vous dire, que ma grande Histoire *était doublement intéressante pour vous*). Mon Camarade me fit faire des Connaissances distinguées, telles que celle de M. De-Romanville & de M. De-Lorris : & quoique ses mœurs ne fussent pas alors tout-à-fait pures, il avait des principes d'honnêteté, & plûs d'expérience, étant mon aîné de quinze années ; il me tira de l'espèce de débaûche où je croupissais, & me rendit à des vices plus aimables: quelque-temps après, je m'aperçus qu'il se corrigeait lui-même de ceux-ci; mais je ne l'imitai pas en tout. Cependant ses bons exemples ne m'auraient pas été inutiles, sans l'enchaînement de malheurs où nous tombames alors tous-deux.

Je vous ai dit que je craignais l'amour: je l'aurais peut-être toujours évité; mais Dangeliers n'avait pas les mêmes raisons que moi de fuir un tendre engagement. Il vit une Jeune-persone d'environ vingt-trois ans, d'une condition très-commune (*); elle lui plut; il la recherche honnêtement, & proposa de l'épouser: On accepta; & cette union fit son bonheur.

Madame Dangeliers était de ces Femmes qui, sans être belles, ont un goût exquis, avec cette propreté piquante, cette grâce dans la démarche, qui plaît mille-fois plûs que la beauté. Elle fut adorée de son Mari, & lui donna un Fils la quatrième année de

(*) C'était la Fille d'un Menuisier.

leur mariage. Dangeliers ne fut heureux, que jusqu'à cet instant. Mais avant de vous parler de l'accident qui détruisit sa félicité, il faut mettre mon Histoire au niveau de la sienne.

Madame Dangeliers était fille d'une Veuve, qui s'était remariée à un Homme veuf aussi, & père d'une Fille beaucoup plus jolie, mais pourtant moins aimable, qu Élisabeth *Poinot* (c'est le nom de fille de Madame Dangeliers). Votre Père me proposa d'épouser cette Jeune-persone. Il employa des sollicitations si vives; il fit valoir des raisons si fortes, sur-tout celle de justifier son mariage aux yeux de sa famille, que mon amitié céda. Il faut avouer aussi que je n'avais point de répugnance pour la jeune *Agnès Balbin*, & que l'orsqu'on lui eut dit qu'elle m'était destinée, elle devint si charmante, que je me crus trop heureux. J'épousai donc: les premières années de notre union ne me causèrent aucun chagrin: ma Femme était une Enfant aimable, qui m'amusait par ses petits caprices & sa vivacité; je trouvais du plaisir à lui passer tout ; sans penser que je contribuais moi-même à lui gâter le caractère par une indulgence sans bornes. Il est vrai que cette faute n'aurait surement pas été aussi cruellement punie qu'elle le fut, si Madame Dangeliers avait continué de la gouverner. Mais j'en suis à l'instant où nous fumes privés de cette aimable Femme.

Elle avait mis au monde un Fils, comme je viens de le dire : c'est votre Frère : ce Jeune-homme vertueux, & d'une si grande espérance, qu'une passion funeste a conduit au tombeau. Le danger des coûches était heureusement passé ; il restait seulement à la Convalescente une pâleur, qui loin de lui ôter de ses attraits, la rendait encore plus intéressante. Un Homme de nom, & qui jouissait du plus grand crédit, (le Duc de ***) vit cette Femme charmante, & la passion qu'elle lui inspira, devint tout-d'un-coup une phrénésie. Il écrivit plusieurs Lettres, fit parler, employa les présens jusqu'à la profusion ; tout cela fut sans succès : Madame Dangeliers aimait son Mari ; elle était vertueuse ; une courone ne l'aurait pas tentée. Le Séducteur changea pour lors de baterie.

Un-ſoir, que nous étions à la petite maison de *Clicki*, nous vimes entrer, par une pluie batante, un Cordelier, qui nous demanda l'hoſpitalité. Nous la lui accordames généreusement, & le fimes mettre à table. Nous fumes enchantés de ſa converſation; il avait cette politeſſe aisée que donne le commerce des Grands, & ſur-tout, il était au-fait de toutes les intrigues de Cour. Nous ne fimes pas réflexion au diſparate de l'habit & des manières: il ſemble qu'il y ait une fatalité qui aveugle les Hommes, lorſqu'ils ſont prêts à éprouver quelque grand malheur. Après le ſouper, on le conduisit dans la chambre où il devait coucher, & nous ne primes pas une précaution bien ſimple, d'enfermer cet Inconnu: peut-être aurait-elle été inutile: M. Dangeliers & moi nous nous retirames chacun dans notre apartement.

Au milieu de la nuit, mon Ami fut à-demi-éveillé par un bruit ſourd, qu'il fut quelque temps à bien diſtinguer: Il flotait

dans l'incertitude, lorſqu'une voix étouffée, *Mon Mari! mon Mari!* lui causa quelque terreur: Il crut rêver, & ne ſe leva pas encore. Enfin il entendit tomber, & ſe débattre. L'effroi acheva de l'éveiller; il ſaute de ſon lit, court à ſa porte: mais il ne peut l'ouvrir: comme ſa chambre était voisine de celle de ſa Femme, on l'avait enfermé par dehors. Il apelle à grands cris; il frape, il briſe la porte. Le bruit qu'il fait m'éveille ainſi que toute ſa maiſon. J'accours le premier. Quel ſpectacle! je trouve mon Ami dans la chambre de ſa Femme, nageant dans ſon ſang: à-côté de lui, étendue ſur le parquet, pâle, évanouie, Madame Dangeliers: j'entrevois par la croiſée au clair de la lune, le faux Cordelier, & deux Hommes qui fuient. J'alais courir après eux: les ſoins qu'exigeaient mon Ami & ſon Épouse me retinrent: Je relevai Madame Dangeliers, & la remit dans ſon lit; mais à-peine l'eus-je touchée, qu'elle fit un grand cri, & me mordit au bras, de-manière à me causer une vive douleur. Deux Domeſtiques entrèrent dans ce moment; je leur recommandai leur Maitreſſe, & j'alai à mon Ami. J'arrêtai le ſang, & j'eus bientôt reconnu que ſa bleſſure n'était pas dangereuse. Je le raſſurai, & le remit dans ſon apartement. J'attendais pour faire des queſtions, que Dangeliers ou ſon Épouse fuſſent en état de me répondre.

Mais nous ne tardames pas à nous apercevoir avec douleur, que Madame Dangeliers avait perdu la raison pour toujours. Les Gens-de-l'art étaient arrivés; ils mitent un apareil ſur la plaie du Mari; ils ſaignèrent la Femme; ils l'affaiblirent au point de lui laiſſer à-peine la force de ſe remuer; & cependant on ſe vit forcé de la lier. Que vous dirai-je, ma chère Élise? ſon ſort fut affreux: elle a vécu ſeize ans, enfermée, nue, enchaînée, dans des fureurs, dont les accès n'avaient preſque point d'intervalle.

Tant que M. Dangeliers fut au lit, nous lui cachames le ſort funeſte de ſon Épouse, qu'on enleva de la maison dès le ſecond jour. Lorſqu'il eut un-peu reposé, je le priai de me faire le détail de ce qui était arrivé. Il me raconta d'abord la manière terrible dont il s'était éveillé. Ensuite il ajouta—:

J'ai brisé ma porte: mais en sortant de ma chambre, deux Assacins m'ont porté chacun un coup de couteau: J'en ai paré un, & l'autre m'a fait la blessure que voila. J'ai volé à l'apartement de mon Épouse: Je l'ai trouvé échevelée, ensanglantée, lutant contre le prétendu Cordelier, qu'elle paraissait plutôt retenir pour le déchirer, que pour l'empêcher de rien entreprendre. A ma vue, il a fait un effort, & secondé de ses Gens, les mêmes qui venaient de me blesser, il s'est débarrassé de ma Femme, qui est tombée de la secousse. Cette Infortunée est demeurée sans mouvement par la violence de sa chute. Je voulais poursuivre ces Infames, mais le Cordelier s'étant retourné, m'a donné un coup dans la poitrine; j'ai senti que je chancelais; je me suis apuyé sur le meuble où vous m'avez trouvé.... J'ai reconnu l'Auteur du crime: le prétendu Cordelier, c'est l'infame Duc de ***. Que faire contre un Scélérat si puissant!

Je tâchai de consoler un Ami, qui ne

connaissait pas encore la moitié de son malheur : Car il ignorait qu'il avait perdu son Épouse pour toujours, & que cette Femme, si digne d'un meilleur sort, avait été souillée. On a su depuis, que le Duc avait profité de son sommeil pour se glisser auprès d'elle, avec ses deux Domestiques, dont l'un s'était caché pendant le souper, dans l'appartement de Madame Dangeliers, & avait ouvert la porte à son Maître : Que cette Dame s'étant éveillée, les deux Valets avaient aidé à consommer la violence, &c.

Je réüssis assés facilement avec M. Dangeliers, tant que je lui fis mystère du sort de son Épouse : mais dès que je lui eus *découvert* sa perte, il fut au desespoir. Il le porta si loin, que dans la crainte d'irriter inutilement sa douleur, on lui cacha la retraite de sa malheureuse Moitié. Quelque temps après, on publia sa mort, dont on ne le détrompa que longtemps après ; en-un-mot, on fit tout pour qu'il l'oubliât. Mais on n'y serait jamais parvenu, sans votre Mère, ma chère Élise.

Vous savez de quelle manière il la connut: destiné à être toujours malheureux, l'infortuné Dangeliers, avec de la vertu, des talens, des qualités, n'a jamais éprouvé que le sort le plus capable d'effrayer. Mais je ne vous parlerai plus de vos Parens, qu'autant que mon Histoire sera liée à la leur, ou qu'il se trouvera quelques faits importans que je n'aurai pas raportés.

Ma Femme pleura amèrement sa Sœur: (c'est ainsi qu'elle l'avait toujours nommée, & j'apelais aussi M. Dangeliers mon frère): mais si sa douleur parut violente, elle ne fut pas de longue durée: Elle se trouva plus de liberté, & s'en aplaudit. Insensiblement elle se répandit au-dehors; & comme je l'adorais & que j'étais sans défiance, je ne la contraignis pas: Je m'en reposais sur ses principes: & peut être même n'aurait-elle jamais donné dans ce qu'on nomme le desordre, si le premier Auteur de notre infortune, ne l'eût consommée, en jetant les yeux sur elle, pour en faire la victime de ses débauches.

L'impunité enhardit au crime; c'est une triste vérité: si M. Dangeliers avait pu se venger du Duc, j'aurais évité les malheurs que ce Dernier me causa, puiſqu'il n'aurait pas ôsé chercher à corrompre ma Femme.

La figure enfantine d'Agnès Balbin, était trop délicate, pour que ſa beauté ſe conſervât ; mais il faut avouer qu'à l'âge de dix-huit ans qu'elle avait alors, elle était extrêmement piquante. Le Duc la trouva telle ; & comme il n'épargnait rien, quand il ſ'agiſſait de ſes plaisirs, il employa pour réüſſir les ruses les plus adroites & les plus diſpendieuses. Il loua une maison dans notre voisinage ; il y plaça une de ces Intriguantes, qui ſemblent avoir reçu de la nature une physionomie particulière pour tromper : cette Femme ſe lia avec mon Épouse, m'accâbla de prévenances, & porta les choses au-point, qu'on la crut éprise de moi. Elle ne démentit pas cette idée ; aucontraire ; elle l'accrédita ; elle en parlait en riant à ma Femme, & cherchait ainſi de loin à la familiariser avec l'idée d'un crime, qu'elle lui présenta comme un badinage. Elle me parla plus ſérieusement ; & comme elle avait encore de quoi plaire, elle en profita, pour me

tendre

tendre les piéges les plus adroits : elle joua le ſentiment; elle me disait que mon eſtime & mon amitié étaient neceſſaires à ſon exiſtance ; en-un-mot, elle donnait à la paſſion, en aparence la plus vive, tout le vernis d'honnêteté dont elle était ſuſceptible. Je ne ſuccombai pas; j'aimais mon Épouse ; mais flaté des ſentimens obligeans de cette Femme dangereuse, j'eus pour elle de la confiance & de la conſidération.

C'était tout ce qu'elle demandait. Elle eut ſans-doute l'art de perſuader à Madame Glancé, dont la corruption avait déja entâmé le cœur ſans que je m'en aperçuſſe, que nous en étions enſemble ſur un ton plus intime, & d'achever par ce moyen de lever ſes derniers ſcrupules ; car ce fut environ vers ce temps-là, que je m'aperçus de quelque différence dans la conduite de ma Femme.

Le Duc, que Madame Glancé ne pouvait reconnaître, venait chés la *Prétair* (c'eſt le nom de la Séductrice) *incognitò* & comme un Parent. Il voulait plaire : mais comme il n'était plus de la première jeunesse, il ne réüssit pas. On le regardait comme un Homme sans-conséquence. Mon Épouse, légère, comme toutes les Jeunes-persones, ne cherchait encore dans l'Objet avec lequel elle alait s'égarer, que les agrémens de la figure ; elle voulait un bel Homme, qui l'emportât sur son Mari. La Prétair, qui la dirigeait, vit, d'après quelques confidences, qu'elle pouvait échaper au Duc : en femme adroite, elle résolut de tenter sa Victime par l'ambition, en-même-temps qu'elle persuaderait à***, qu'il était aimé.

Un-jour elle prit mon Épouse en partïculier : Elle lui vanta le mérite, le crédit, les richesses du Duc ; elle lui conta comme il était couru des Dames de la cour ; ce qu'il avait fait pour des Femmes qu'il avait aimées : Quand elle s'aperçut qu'elle avait excité l'attention & piqué la curiosité, elle ajouta : —Croiriez-vous qu'il vous adore, & qu'il se déguise tous les jours, pour avoir le plaisir de vous voir, sans être remarqué—? Madame Glancé rougit, à ce discours : elle se douta que c'était le Duc qu'elle avait coutume de trouver chés ſon Amie: Sans en être épriſe, d'autres paſſions agitèrent ſon cœur; elle fut flatée de ſa Conquête, & vit ſa paſſion d'un tout autre œil. La Prétair lut ce qui ſe paſſait danr ſon eſprit, & ſur-le-champ elle ouvrit un cabinet, d'où ſortit le Duc habillé magnifiquement, avec ſon cordon-bleu & le crachat. Madame Glancé fut éblouie; l'air de grandeur acheva de lui tourner la tête.

Il y a toute aparence qu'ils prirent leurs arrangemens dès ce jour-là, & qu'on y décida la conduite à tenir pour me tromper. La Prétair redoubla ſes attentions pour moi; tandis que tous les jours ma Femme trouvait quelque prétexte pour ſ'éloigner: mais cela d'une manière qui n'excitait pas mon attention: tout était ſi naturel dans ſa conduite, que d'après la connaiſſance que j'avais de ſon caractère, je ne fus ſurpris de rien (*). L'inſtant qui devait m'ouvrir les yeux, n'était pas éloigné.

(*) C'eſt le vice de nos mœurs publiques. L'utile *Projet* qu'on vient de publier, intitulé, *LES GYNOGRAPHES, OU LA FEMME RÉFORMÉE*, remédierait à ces abus révoltans.

Voici, ma chère Élise, un de ces traits si odieux, si abominables, que je souffre à le raconter : mais il faut vous montrer à quel point peut aler la perversité d'une Femme, qui a commencé de manquer à son premier devoir : Il en est mille, de Celles qui ont donné dans le plus affreux desordre, qui n'y auraient pas fait le premier pas, si elles avaient prévu jusqu'où il devait les conduire.

Madame Glancé était éblouie, comme je vous l'ai dit, mais elle n'aimait pas le Duc : Son cœur était donc libre, & le frein qui jusqu'alors l'avait retenue, l'estime d'elle-même, ce frein salutaire était brisé. Dès que ses yeux furent accoutumés à l'éclat, & qu'il les frapa moins, elle reprit son premier goût pour les beaux Hommes. Une chose l'embarrassait, c'était comment se cacher de la Prétair. Mais elle ne connaissait guère cette Femme : puisque dès que sa Corruptrice eut pénétré son dessein, elle s'offrit de la servir ; charmée d'avoir un moyen d'ajouter aux présens que lui fesait le Duc, la plus grande partie de ce qu'il donnait à sa Maitresse.

L'Agente ne mit pas grande délicatesse dans le choix ; elle prit seulement les précautions les plus sûres pour n'être découverte ni par le Duc, ni par moi : elle se cacha également des Gens-de-la-maison, & loua un petit apartement dans un quartier éloigné ; les Hommes qu'elle procurait à l'Infortunée, ne lui connaissaient que cette demeure-là.

Je n'entrerai point dans les détails des excès où donna mon indigne Moitié : ils sont audelà de ce que présente l'imagination : Je ne les soupçonnais pas, n'y ayant point donné lieu par ma conduite à son égard : à-la-vérité j'étais surpris de la manière dont elle agissait avec moi ; il n'y avait entre nous que le commerce le plus indirect : Mais comme je connaissais depuis longtemps les défauts de son caractère, je souffrais tous ses caprices, ne les croyant pas de-consequence. Je craignais d'ailleurs de me donner le ridicule de Mari jaloux, que tout le monde s'attache à vilipender dans ce pays. Il semble que les hommes de tous les états ayent un intérêt direct à la corruption des mœurs : le Particulier dans les cercles, le

Dramatiſte dans les pièces de théâtre, le Romancier dans les ouvrages amusans ſe déchaînent à l'envi contre tout Mari qui prétend que l'ordre règne chés lui, qui veut que chacun y ſoit à ſa place, & que ſa Femme ſoit décente..... Mais revenons à Madame Glancé.

Malgré ſa prévoyance, la Prétair oublia un point eſſenciel. Il en résulta un fâcheux inconvénient, pour la ſanté de ſa digne Elève, & pour celle du Duc. On fut au deseſpoir. Mais comment ſe tirer de ce cruel embarras! .... Par la plus infame des manœuvres.

Tou-à-coup, je fus ſurpris de voir ma Femme me rechercher, & me prodiguer les careſſes les plus vives, j'ôserais dire, les plus effrontées. —Bon! dis-je en moi-même, ſon caprice eſt paſſé! je me doutais que cela ne durerait pas, & que ce n'était qu'une inconſéquence—. Je l'accueillis avec tranſport...... Aubout de quelques jours, j'éprouvai un certain malaise, dont dont je ne pouvais me rendre raison. Le physique influait ſans-doute ſur le moral. Je ressentis des douleurs assés vives, précisément un-jour où je devais conduire Madame Glancé aux *Italiens*. A l'heure du départ, elle vit un nuage dans mes yeux. —Qu'avez-vous? me dit-elle. Et je crus voir qu'elle me fesait cette question avec une satisfaction qu'elle cherchait à dissimuler. J'eus la délicatesse de ne vouloir pas troubler le plaisir qu'elle alait goûter; je répondis en riant, Que ce n'était rien; & l'air brillant qu'avait d'abord pris ma Femme, se rembrunit. Mais bientôt il n'y eut plus de doute. Jugez quelle dut être ma surprise, & l'horreur dont je fus pénétré, lorsque..... Je ne pouvais m'en croire moi-même. Les symptomes devinrent terribles. Je me mis au lit. Un Mèdecin que je ne connaissais pas, vint à mon secours; il m'examina curieusement; me fit quelques questions captieuses, auxquelles je répondis comme il voulut, pour ne point deshonorer inutilement mon Épouse, me prescrivit des remèdes, & se retira, avec un Homme qui l'avait suivi, & que je n'avais pas aperçu.

Je fus quelque temps sans voir Madame

Glancé. Je ne pouvais attribuer mon état qu'à elle ; je crus que la honte la retenait : Je la demandai. On me dit, qu'elle n'était plus à la maison depuis le commencement de ma maladie. J'ordonnai qu'on la cherchât, & je lui écrivis une Lettre, par laquelle je l'aſſurais de mon indulgence, pourvu qu'elle me fît un aveu ſincère. On la trouva chés ſa Corruptrice. Elle vint, accompagnée de cette Femme, & d'un Inconnu. Je la reçus avec les ménagemens que je croyais devoir à ſa jeuneſſe ; car je ne l'accusais encore que d'imprudence. —Aprochez—, lui dis-je enſuite. Elle ſourit dédaigneusement. Supris de ce ton, j'en changeai moi-même. —Vous voyez l'état où je ſuis, repris-je. —Oui, Monſieur ; il fait votre éloge. —Malheureuse ! m'écriai-je en fureur, que dis-tu—! Elle ſe leva précipitamment. —Il va me tuer, Monſieur, dit-elle à l'Inconnu (qui était un Exempt) après m'avoir......! ſecourez-moi—! Je ne ſus d'abord que penſer de cet excès d'effronterie & de vertige : mais je fus bientôt au fait. Quatre Hommes entrèrent : on m'ordonna m'ordonna de ſortir du lit, & on me ſignifia un ordre, qui me confinait dans une maiſon-de-force.

Ma faibleſſe ne me permit pas d'obéir. On me mit ſur un brancard, & l'on me porta rue *Plâtrière*, chés le célèbre *Petit*, chirurgien, à quî l'on enjoignit de me traiter de-concert avec le Mèdecin qui m'avait déja rendu visite. Un Homme reſta dans ma chambre, qui me gardait à vue; & aubout de trois mois que dura mon traitement, je fus conduit dans la maison où Virginie me vit, le jour qu'elle y vint avec M. Dangeliers & ſon Fils.

Imaginez, ma chère Élise, ce que je dus ſentir, dans cette cataſtrophe cruelle! A un long anéantiſſement, qui nuisit beaucoup au rétabliſſement de ma ſanté, ſuccédèrent des mouvemens de fureur & de rage, d'autant plus violens, que mon impuiſſance était plus grande. Ce qui augmentait encore mon tourment, c'était l'incertitude où j'étais ſur les causes de ma détention, ſur l'Homme-en-place qui l'avait ordonnée, ſur la conduite de ma Femme, ſur mes affaires ; j'ignorais tout abſolument ; & ce ſuplice eſt affreux. Il a duré deux ans.

Il n'eſt pas inutile de vous dire, que j'avais vu rarement votre Père, depuis le malheur qui l'avait privé de ſon Épouse ; non par indifférence, mais parceque dans les premiers temps, il ſe rendait inacceſſible. Il ſ'enfermait avec ſon Fils ; il ne voyait que çet Enfant, & ne parlait qu'à lui : par ce moyen, il dévelopa trop-tôt ſa raison, & tourna ſon caractère à une mélancolie, qui le rendit trop ſuſceptible des impreſſions profondes : & ce fut ſans doute çe qui abrégea ſa carrière, qui commençait de la manière la plus brillante, quand je recouvrai ma liberté. M. *De-Romanville*, mon autre Ami particulier, venait de quitter la Capitale, à-cause des chagrins que lui donnait ſon Épouse ; M. De-Lorris père était mort, & ſa jeune Veuve, inconſolable de cette perte, avait été cacher ſes larmes à la campagne, avec deux Enfans, qu'elle laiſſa bientôt orfelins. Je m'étais donc vu enlevé de chés moi, ſans que M. Dangeliers, ni aucun de mes Amis, le ſut ſent aſſés-tôt pour ſuivre mes traces ; ils ignorèrent parfaitement ce que j'étais des venu ; & ſ'ils aprirent quelque chose de la conduite infame de mon Épouse, ce ne fut que lorſque ſon deshonneur eut éclaté, comme vous alez voir.

Auſſitôt que je fus diſparu, elle ſ'empara de ma maison & de mes biens (ou plutôt ce fut la Prétair qui diſposa de tout ſous ſon nom) ; elle publia que j'étais mort dans le traitement d'une maladie honteuse, & ſe fit paſſer pour veuve. Ma Famille la crut ſur le vu d'un faux Extrait-mortuaire, obtenu par le crédit du Duc.

C'eſt ainſi que l'iniquité fut conſommée. Cependant il ſ'en falait beaucoup que la *Balbin* (car je ne dois plus donner mon nom à cette Misérable) continuât d'être en faveur : l'accident dont j'ai parlé, avait dégoûté ſon Séducteur, quoiqu'il la crût innocente, à mes dépens. Il l'aurait donc entièrement abandonnée, comme il avait fait beaucoup d'autres, ſans une éclipſe que fit alor la Prétair. Cette Femme diſparut, avec tout ce qu'elle avait pu tirer du Duc

& enlever à ſon Élève; ce qui ruina preſqu'entièrement cette Dernière. Le Duc ſe voyant privé de ſon Entremetteuse, pria tout-unimment la Balbin de la remplacer. On pleura, on ſe desola, on ſe fâcha, & l'on finit par accepter l'honorable emploi.

Il paraît qu'on ſ'en acquitta d'abord à la ſatiſfaction du Duc; car il fut généreux. La Balbin ſe trouva même plus contente de ſon ſort, que lorſqu'elle était règnante; parce qu'elle avait plûs de liberté, pour ſe livrer à ſon panchant. Durant quelques années, elle eut des Adorateurs; mais bientôt ſa beauté ſe flétrit, & ce fut elle qui rechercha. Ce rôle diminua ſa fortune: Elle devenait à charge au Duc, par ſes fréquentes demandes, & il était ſur-le-point de lui ôter l'intendance de ſes plaisirs, lorſqu'elle ſut le retenir pour un temps, en lui fesant voir Virginie, & en le flatant de l'eſpoir de l'en rendre poſſeſſeur. Voila quel fut le motif de ſa liaison avec Madame F**: c'était pour lui enlever ſa Fille, & la livrer au Duc.

Dès que cette intrigue fut entrain, l'abondance revint chés la Balbin. Malheureusement pour elle, Virginie, dont l'étourderie ſemblait promettre un ſuccès facile, n'avait ni ambition, ni panchant au libertinage : D'ailleurs, les deux Dangeliers vinrent à la traverſe, comme vous ſavez; la Corruptrice échoua.

Cependant la trâme était bien ourdie : Pour la ſeconder dans la ſéduction de Mademoiselle F**, elle employait un jeune Avocat ; c'eſt Delpont, homme-d'affaires, ou plutôt caiſſier de M. B** : Ce Jeune-homme, quoiqu'il n'eût pas un état fort relevé, jouiſſait de trente-mille livres de rentes ; & comme ſa place le mettait à-même d'obliger des Perſones-de-qualité, il était connu de tout ce qu'il y avait de mieux. Le projet du Duc & de la Balbin, était que Delpont épousât réellement Virginie : ils comptaient l'éblouir lui-même par les ſervices qu'on lui rendrait, & l'avancement qu'on devait lui procurer. Ce plan ne put ſ'exécuter : vous en avez vu la raison. On changea pour-lors de baterie ; la Balbin résolut de ſuivre, avec mademoiselle F**, la route par laquelle la Prétair l'avait conduite elle-même. Elle s'attacha donc à corrompre le cœur de Virginie : mais la trempe de l'âme de cette Jeune-persone était trop différente de la sienne : Mademoiselle F** pouvait s'égarer, mais non s'avilir & se vendre.

Ces dispositions de Virginie auraient découragé quelqu'un de plus clairvoyant que la Balbin : mais cette Séductrice jugeait trop d'après son propre cœur : Dès que Virginie donnait dans un des piéges qu'elle lui tendait, soit par légèreté, soit par ennui, ou pour se fuir elle-même, elle se la croyait acquise ! Cent-fois elle assura le Duc d'une victoire prochaine & facile, sans que jamais la fausseté de ses conjectures pût la guérir de sa présomption. Le Duc était d'ailleurs facile à tromper ; puisqu'après avoir parlé lui-même deux ou trois-fois à Virginie, il en eut la même opinion que son Agente. C'est ce qui fit qu'il prit patience, & qu'il avança Delpont, comptant qu'il ne tarderait pas à avoir besoin de lui.

La qualité du Duc & l'éclat de son rang, étaient le dernier moyen qu'on se proposait d'employer; mais il falait auparavant être bien sûr qu'il ſerait efficace ; puiſque ſi une fois un ſecret de cette nature était découvert ſans ſuccès, il n'y avait plus de réüſſite à eſpérer, & tout était perdu ſans reſſource. Auſſi la Balbin ſe comporta-t-elle en cette occasion d'une manière, dont on aurait cru que ſon imprudence naturelle devait la rendre incapable.

Mais dans le temps qu'elle enivrait le Duc des plus douces eſpérances, il parut ſe réchauffer pour elle. Il la voyait régulièrement tous les jours; lorſque Virginie venait à entrer, il ſe cachait. Ce manége devait durer juſqu'à ce qu'on eût préparé la Jeune-perſone à ſa visite. Dans ces fréquentes entrevues, il lui arriva d'oublier que la Balbin n'avait plus qu'un rôle ſubalterne, & il lui fit quelquefois jouer le premier. Elle devint mère. Mais ce qui devait lui attacher tout autre Homme, fut ce qui éloigna abſolument un Libertin ſans principes, comme le Duc, qui venait en-outre de perdre la ſource intariſſable où il puisait pour ſes profusions.

Les choses en étaient-là, quand les démarches de M. Dangeliers pour ma liberté commencèrent à avoir quelque ſuccès. Je m'en aperçus par l'adouciſſement de ma captivité : Dès que le premier placet eût été présenté, on me donna les cours. Juſqu'à ce moment, je n'avais connu perſone dans ma prison : mais durant les quinze jours de ma demi-liberté, j'eus le plus beau ſpectacle, & le plus digne d'un cœur ſenſible.

Chaque dortoir des *Bons-pauvres*, retirés librement à *B*···, a un Gouverneur particulier & un Souſgouverneur, qui y font règner l'ordre & la décence. Dans ce temps-là, c'étair des Hommes pieux & riches qui ſ'étaient chargés de cette pénible fonction. Mon cœur, ma chère Élise, ſ'attendrit encore, & je le ſens bondir, lorſque je penſe à ces Héros de l'humanité. Permettéz-moi de vous citer quelques-uns des traits de leur admirable conduite : C'eſt à ces Citoyens qu'il faudrait élever des trofées ; ils leur attireraient peut-être des Imitateurs.... Mais non : contens de faire le bien, pour le bonheur de le faire, ces cœurs magnanimes ne demandent que le ſecret & l'obſcurité.

Un M. *Duprat*, ſouſgouverneur du dortoir Saintmayeul, ſ'était conſacré avec ſa Sœur au ſervice des Pauvres : ils jouiſſaient l'un & l'autre de dix-mille livres de rentes, dont ils ne retenaient que trois-cents livres chacun, pour leur usage ; les dixneuf-mille-quatre-cents livres étaient annuellement diſtribués aux Pauvres. Quelle vie angélique ! Duprat, portant preſque l'uniforme de la maison, procurait aux Malheureux une nourriture meilleure que la ſienne, & une petite mesure de vin deux-fois le jour. Il leur fesait rendre matin & ſoir au ſaint Auteur de la nature l'hommage de leur exiſtance : On voyait de ces Hommes groſſiers, qui, durant une longue vie, n'avaient peut-être jamais penſé ; des Diſſipateurs, des Ivrognes, des Joueurs, des Cœurs endurcis par la débaûche crapuleuse, pouſſer des ſoupirs, verſer des larmes de repentir & d'amour envers le ſouverain Être, à la vue du bon Duprat proſterné au milieu d'eux, invoquant le Dieu de miséricorde, lui criant-merci pour des fautes qu'il ne commettait pas, le remerciant du bonheur qu'il avait de servir les Pauvres, & ajoutant par-là aux soins qu'il prenait d'eux, le rare mérite de les leur rendre agréables. —Voila un digne Homme! dis-je une-fois à l'un d'entr'eux. —Oui, Monsieur, me répondit-il: sa conduite m'a prouvé qu'il y avait un Dieu: car s'il n'y en avait point, Duprat aimerait une chimère, & la nature aurait fait illusion à son plus parfait Ouvrage—. La Sœur de cet Homme angélique en agissait de-même, dans un endroit de la maison consacré à recevoir & à traiter d'infames Créatures.

Un *Fusier*, autre Gouverneur, mais sans fortune, alait chaque semaine à la Capitale, une sacoche de cuir sur l'épaule, mendiant pour les Pauvres. Il était si connu, & si estimé, que dans certaines années, il a aporté jusqu'à vingt-mille livres. Et cet Homme était quelquefois sans souliers: jamais ses doigts n'ont touché un écu venant des aumônes; on mettait l'argent dans la sacoche de cuir, & la sœur Duprat l'en tirait quand il était arrivé dans la maison.

Je ne puis me refuser au plaisir de vous raconter deux traits singuliers de cet Homme simple & vertueux.

Un-ſoir qu'il revenait de la Capitale, avec ſes ſacoches bien garnies, il fut aperçu par ſix Voleurs, qui méditaient un mauvais-coup : A l'aſpect d'un grand Homme de ſix piéds-un-pouce (c'était la taille de Fuſier) dont l'habillement annonçait la miſère, qu'une barbe de huit jours n'embelliſſait pas, qui priant dans ſon intérieur, & regardant de-temps-en-temps le ciel, avais l'air de maudire la fortune, les Scélérats, qui avaient beſoin de ſecours, délibérèrent entr'eux de le ſonder, pour être admis dans leur ſociété. Un d'eux l'aborda poliment, & lia converſation avec lui. Après quelques propos de la part du Voleur, le pénétrant Fuſier, qui parlait avec réserve, fut tout-d'un-coup au-fait, & résolut en lui-même de faire manquer le crime, quelque desagrément qui pût en résulter pour lui. En-conſéquence, il écouta la propoſition, ſans en témoigner d'horreur. On avançait toujours ; le coup ſe présenta à faire : les Voleurs ſe réüniſſent : ils étaient armés de piſtolets ; ſans-quoi Fuſier les aurait facilement diſſipés. —Laiſſez-moi faire, leur dit-il : je vais attaquer—.

En disant ces mots, il s'empare avec une précipitation affectée des armes de quatre des six Voleurs. Il saute en-même-temps à la portière du carrosse ; au risque d'essuyer la première défense de ceux qui étaient dedans, & qui devaient avoir quelques armes : —Je garde cette portière, leur dit-il tout bas ; voila des pistolets en état; défendez l'autre—. Mais ces Gens étaient si troublés, qu'ils demeuraient immobiles, & présentaient seulement leurs bourses. Fusier avait posé ses sacoches par terre : un des Voleurs le heurta du piéd, & sentit de l'argent : il en avertit ses Camarades, qui trouvant la prise suffisante, laissèrent Fusier à la portière, & gagnèrent au piéd avec leur trouvaille. D'un autre côté, les Gens de la voiture le voyant seul & sans armes, le saisirent au colet. Il ne pouvait leur faire entendre raison ; mais en voulant leur montrer les Voleurs, il les aperçut qui s'éloignaient. Il songea pourlors à ses sacoches : il se débarassa vigoureusement, malgré deux coups de pistolet, heureusement mal-mirés, que lui tirèrent ceux qu'il venait de ſauver, & courut à la pourſuite des Voleurs. Les Perſones de l'équipage crurent qu'il alait pour ranimer leur courage; ils ſe mirent à fuir. A quelque diſtance, ils rencontrèrent la Maréchauſſée, à laquelle ils firent leur déclaration. Les Cavaliers tâchèrent de couper les Voleurs, & parvinrent effectivement à ſ'en aprocher de fort-près, ſans être aperçus. Ils les joignirent derrière une remise: les Voleurs parlaient très-haut; les Cavaliers crurent devoir écouter leur converſation, avant que de ſe jeter ſur eux: C'était une diſpute entr'eux & Fusier. —C'eſt l'argent des Pauvres, leur disait celui ci; j'entens qu'il me ſoit rendu—. On lui répondait par des injures. —Si vous étiez des Gens capables de les diſtribuer aux Pauvres, peu m'importerait qu'il fût entre vos mains, ou dans celles des Perſones à qui je le porte: mais vous en ferez mauvais-usage: les Bonnes-âmes m'ont confié la ſubſiſtance des Pauvres; ſi je l'abandonnais, je perdrais leur confiance & refroidirais leur charité; vous me le rendrez, ou j'y perdrai la vie—. Les

Cavaliers ſuffiſamment inſtruits, fondirent alors ſur les Voleurs, & les prirent tous. Fusier fut lié comme les autres Il demanda qu'on le chargeât de ſes ſacoches; mais un Cavalier les prit ſur ſon cheval : on les conduisit auprès de la voiture, qui attendait ſur le chemin bien accompagnée. —Voila le Voleur—! ſ'écrièrent ceux qui la rempliſſaient. Mais lorſqu'il ſe fut aproché, & qu'on l'eût conſidéré de-près aux flambeaux, le Maître de l'équipage le reconnut, pour ce qu'il était véritablement, l'ayant vu à Paris dans plusieurs maisons. Alors Fusier, qui n'avait encore rien dit, expliqua la chose comme elle ſ'était paſſée. La vérité était ſi palpable, & d'ailleurs Celui dont il était connu, homme en place, ayant répondu de lui, il fut délié: on lui rendit ſes ſacoches, après qu'il eut donné la liſte de Ceux qui avaient contribué à les remplir, & deux Cavaliers le reconduisirent juſqu'à la maison. Ils trouvèrent la Société fort inquiette de ce Membre utile; mais dès qu'ils eurent entendu la manière de parler de Fusier & de ſes Amis, ils ſe retirèrent pénétrés de reſpect.

—Qu'auriez-vous fait, demandait-on quelque temps après à Fusier, si les Voleurs vous avaient chargé, & qu'on vous eût conduit à l'échafaud? —Dieu ne l'aurait pas permis. —Mais encore? —Si Dieu l'avait permis, j'aurais béni Dieu: mais j'aurais fait tout mon possible pour éclairer mes Juges, & ma plus grande douleur, ç'aurait été leur erreur: Car pour ce qui me regarde, qu'importe que Dieu m'écrâse en un moment sur une roue, ou m'ôte la vie en quinze jours sur mon lit.... Mais Dieu ne l'aurait pas permis—.

L'autre trait de cet Homme est moins tragique: Un Brutal, se fiant sur la piété du Personage, lui donna un soufflet. Fusier suivit à la lettre le précepte de l'Évangile, & présenta l'autre joue. Le Brutal eut l'imprudence de redoubler: Fusier n'imita pas ce Capucin, qui rossa d'importance le Téméraire qui l'avait frapé, en lui disant: —*J'ai fait ce qu'ordonne la Religion; j'obéis à-présent à la nature:* une telle conduite n'était pas dans ses principes: mais comme il était extrêmement fort, il saisit le Frapeur, le traîna droit à la rivière, l'enleva d'une main, comme pour le précipiter, & le tint à la hauteur de sa tête. Alors l'Imprudent tout-honteux, & commençant peut-être à craindre le dénoûment de l'avanture, en vint aux excuses. Fusier le posa doucement à terre, en lui disant ces paroles remarquables : —Croyez-vous, Monsieur, qu'on doive être fort content de soi-même, & s'estimer beaucoup, lorsqu'on craint autant que vous le faites, que les autres ne nous ressemblent—?

Voila quels étaient les Gens qui s'étaient alors consacrés au service des Pauvres. Mes yeux les ont vus, ces Hommes admirables; mais ils n'y sont plus ; un esprit de vertige les a chassés....! le croiriez-vous? chassés!...

Je n'ai point d'esprit-de-parti ; en-même-temps que je rens hommage à la vertu des Persécutés, je vais vous citer un exemple non-moins beau dans leurs Persécuteurs. Un Prêtre de cette même maison, nommé *Bonnefoi*, pauvre, ne possédant que ses médiocres apointemens, trouvait cependant moyen de bienfaire : Il consolait les Pauvres par ses discours ; il leur distribuait

tout

tout l'argent qu'il pouvait s'ôter, & chaque soir, il ne buvait que de l'eau & ne mangeait que du pain, pour avoir le respectable plaisir de porter à quelques Souffreteux son rôti & son vin. Ainsi a vécu dans l'obscurité ce bon Prêtre pendant trente ans, sans ostentation, ignoré de tout le monde. A sa mort, pleurée par les Malheureux qui perdaient un Père, on ne lui trouva qu'une chemise déchirée, un seul habit de son état, un rude cilice sur sa peau, dont jamais on ne s'était aperçu, & un Testament conçu en ces termes :

Mes chers Confrères, Prêtres dans cette maison; Henri Bonnefoi, prêtre indigne, vous conjure de faire pour le repos de son âme pécheresse, aulieu de prières, des aumônes, à Tels & Tels (il les nommait), *qui périraient bientôt sans ce secours. Je vous en conjure au nom du Dieu de miséricorde.*

H. Bonnefoi.

C'est ainsi que ce pieux Ecclésiastique porta sa charité jusqu'audelà du tombeau. On a observé, que quoique *M....*, ses sermons étaient les mêmes que ceux du *J....*

le plus décidé : aussi ces Derniers avaient-ils la noble ambition de le ranger parmi les leurs, malgré lui-même. Il est beau de n'avoir de livrée que celle de la vertu. . . . Je n'étendrai pas davantage cette digression, ma chère Élise, & je reviens à moi.

Quinze jours après ma sortie des Cabanons, je reçus l'ordre de mon entière liberté. Il me fut aporté par l'Économe de la maison. Je ne saurais vous exprimer ce que je sentis: Il me sembla que toute la somme de plaisir & de bonheur que j'aurais pu goûter pendant les deux années de ma captivité, s'était amassée pour m'inonder en ce moment. J'étais dans l'ivresse. J'alai prendre congé des Honnêtes-gens dont je viens de vous parler, & de quelques autres de la même trempe. . . . J'ai trop-tôt oublié les sages instructions qu'ils me donnèrent....

Le matin du jour de ma sortie, je vis entrer dans ma chambre le bon Duprat: —Vous alez jouir de votre liberté, me dit-il: alons ensemble au Temple en remercier Dieu—. Je le suivis, pénétré de respect. Après que nous eumes fait une courte prière, il me prit par la main, & me conduisit .... dans les Cabanons. Il me mena vis-à-vis la grille de ma loge, qui était déja remplie: (c'était par M. Dulis, ce même Jeune-homme que Virginie avait vu renfermer par son Oncle, homme sauvage & capricieux, qui avait exigé de son Neveu qu'il se soumît à cette correction). Là, mon Guide se mit à genoux: je l'imitai: —*O Dieu!* (dit-il à-demi-voix) *qui châtiez vos Enfans en père, soyez beni de la liberté de mon Frère, & faites-lui la grâce de n'en user que pour votre gloire; son bien, & l'avantage de ses Semblables: que les peines qu'il vient d'éprouver, augmentent sa sensibilité pour les Malheureux; & qu'il aprenne à compatir, d'après ce qu'il a souffert: Mon Dieu! mon Dieu! rendez son cœur sensible aux maux d'autrui, & soyez beni à jamais.* —*Amen*—, répondis-je avec transport. Et regardant M. Dulis qui me fesait signe, je vins à-bout de prendre un papier sur lequel il avait crayonné quelques mots avec un charbon. Mon cœur se fendait à la vue de ma loge; je faillis de m'évanouir.

—Du courage, Monsieur! me disait le bon Duprat : réservez cette extrême sensibilité pour les Autres ; elle est à-présent inutile pour vous-même. Mon cher Frère, je vous recommande tous les Malheureux que vous rencontrerez dans le monde. Secourez, ou dumoins consolez-les : c'est un devoir de l'Homme social, & plus encore du Chrétien—. Il m'embrassa, & nous sortimes. Il me fit déjeûner devant lui & ses dignes Amis, qui ne prirent qu'un-peu de vin & d'eau : ensuite ils me conduisirent tous, en priant intérieurement (ce que je voyais au feu divin qui brillait sur leurs visages) jusqu'à l'alée des Noyers, où ils me quittèrent, en me donnant mille preuves de la plus tendre affection.

C'est ainsi que je sortis plein de joie, & beaucoup meilleur, d'une maison qui avait été pour moi durant deux années, le séjour de l'horreur & du desespoir ; mais qui les quinze derniers jours, m'avait semblé le temple de la Bienfesance. Tant il est vrai que la vertu ferait un paradis de l'enfer même, si elle pouvait s'y trouver.

Dès que je fus ſeul, je commençai à me recueillir : J'employai le temps du chemin de la maison à Paris, à renouveler connaiſſance avec moi-même, comme Homme libre, & à jeter un coup-d'œil ſur ma conduite future : car je puis dire, que juſqu'à ce moment, tout ce que j'avais penſé, reſſemblait plûs aux rêves d'un Homme en délire, qu'à des résolutions ſérieuses. Mais lorſque je me vis ſur-le-point d'agir, ce fut tout autre chose. Je résolus de me conduire avec prudence & modération.

En arrivant à Paris, j'alai à la maison d'où on m'avait enlevé. Elle était occupée par l'Acquereur, qui la tenait de la Balbin. Je lui expliquai mes droits, qu'il ne manqua pas de conteſter. J'alai ſur-le-champ trouver M. Dangeliers, dont j'avais reçu une Lettre pendant les quinze jours de ma demi-liberté. Il me donna du linge, des habits, de l'argent, & par ſon conſeil, je fis des ſommations à tous ceux qui poſſédaient quelque portion de mes biens, de montrer leurs titres. Tous avaient acheté de ma Femme comme veuve : Ils ſe conſultèrent ſur le procès dont je les fis menacer : on leur répondit, qu'ils ne pouvaient que perdre: Ils me proposèrent un accomodement, par lequel ils rendirent tout ; & moi, je ne reclamai rien des jouiſſances, qu'une modique ſomme de mille livres, qui me fut payée ſur-le-champ.

Tranquile de ce côté-là, je travaillai à la caſſation de mon mariage. La Balbin épouvantée par les menaces des Acheteurs, crut que la rupture entière de notre union la mettrait à-couvert, & ce fut par ce motif qu'elle parut d'abord ſ'y prêter. Mais, dès qu'elle ſut l'accomodement que je venais de faire, & que je comptais ſur la main de Mademoiselle F**, elle changea de conduite. Vous ſavez ce qui en resulta. J'adorais Virginie ſans-doute ; mais ſi j'avais lu dans le cœur de trois Perſones, la ſeule amitié aurait ſuffi pour me faire ſurmonter ma paſſion.... Avant de continuer ce qui me regarde, je vais achever ce que vous ignorez encore de la conduite de mon indigne Épouse.

Enorgueillie de l'attention que le Duc paraiſſait lui avoir donnée, plutôt par desœuvrement, que par goût, elle essaya si elle ne pourrait pas le fixer. Mais bientôt elle s'aperçut qu'il n'avait eu pour elle qu'un retour momentané, causé par la tournure lascive qu'elle savait donner à sa parure, & au ressouvenir des plaisirs qu'elle lui avait procurés autrefois. Persuadée de cette humiliante vérité, elle se livra à son panchant pour le libertinage. Tout lui était bon. Les Gens du Duc étaient souvent témoins de ses écarts. Elle amoncelait ainsi sur sa tête les mépris & les indignités qui devaient l'acâbler. De tous les traits de lubricité qui l'ont rendue quelque temps célèbre, je n'en citerai qu'un seul, en le gazant autant qu'il sera possible. Un-jour, qu'elle venait de passer dans sa cuisine, en négligé, mais chaussée avec ce goût, cette élégance qu'elle n'abandonna jamais, & qui la firent quelquefois rechercher jusques dans la fange, un jeune Porteur-d'eau qui s'y trouva, la regardait avec admiration. La Balbin parlait à sa Cuisinière, sans faire attention à lui; lorsqu'un gros soupir de ce Jeune-garson la fit retourner. —Que fait donc-là cet Homme?

—Je n'ai plus besoin de vous, Jacques; dit la Cuisinière. —Je le ſai bien mam'selle.... mais, c'eſt que.... —Eh-bien, c'eſt que? —Je regarde Madame, qui eſt ſi.... —Si quoi? .... —Je ne ſaurais dire ça, mam'selle—. Ces paroles dites d'un air niais, par un grand Blondin de dixſept à dixhuit ans, firent impreſſion ſur la Balbin: Elle interrompit la Cuisinière, pour lui demander quelque chose; cette Femme ſortit pour exécuter les ordres de ſa Maitreſſe: Pendant ſon abſence, la Balbin fit un-peu causer Jacques, & l'emmena dans ſon apartement...... La Domeſtique, à ſon retour, fut très-étonnée de ne plus trouver perſone; & lorſqu'enfin ſa Maitreſſe reparut, —Il m'a fait pitié, Jeànneton, lui dit effrontément cette Meſſaline: .... Donnelui à dîner—. Les Valets du Duç furent inſtruits de ce nouveau trait dès le même jour, & le firent parvenir aux oreilles de leur Maître. Le Duc en rit; mais dans ſes visites à la Balbin, il ne parla plus que de Virginie.

Depuis longtemps, ſon grand ouvrage était la ſéduction de cette Jeune-perſone.

le Duc était éperdûment amoureux (de la manière dont un Homme de cette trempe peut l'être). La Balbin eut d'abord cette entreprise à-cœur, parce qu'elle s'aperçut que c'était le seul moyen de conserver quelque crédit : mais quand trois autres passions, la jalousie, la haîne & la vengeance vinrent apuyer l'ambition, nonseulement elle voulut séduire, mais elle se proposa de perdre Mademoiselle F**, & de la rendre malheureuse. Ce fut cet abominable motif qui lui fit rechercher la G**, & se lier avec elle. Le Duc eut la bassesse d'aplaudir à ce projet, qui lui fesait espérer une conquête facile & peu coûteuse. Pour donner du crédit à son Agente, il vint plusieurs-fois la voir dans cette infame maison, & se fit connaître. La G**, qui d'abord avait fait quelques difficultés, se prêta volontiers à tout, comptant, avec raison, sur la protection de ***. Virginie ala donc chés la G**, comme vous l'avez vu dans l'Histoire de vos Parens, & vous savez ce qui en résulta.

La passion du Duc s'était fortifiée, en voyant de plus près Mademoiselle F**; ce fut à-cause d'elle qu'il travailla à la liberté de la Balbin, qu'il aurait dèslors abandonnée à toute l'horreur de son sort, & qu'il tira de-même la G** des mains de la Justice. Dès que ces deux Femmes furent en liberté, il leur déclara qu'il falait absolument qu'elles le rendîssent heureux, quels que fussent les moyens. Il en proposa lui-même plusieurs, tels que l'enlèvement, un faux mariage, &c. On s'en tint au mariage; parceque la G** ne voulut pas entendre parler d'enlèvement, ni de violence, à-cause des suites. Il ne s'agit donc plus que de la manière.

La G** connaissait Jaugerot, qui après avoir été cocher-de-fiacre, était devenu croc-de billard, titre auquel il en joignait deux autres, qui en sont comme inséparables. Elle le fit avertir: on lui exposa ce qu'on exigeait de lui. Il devait épouser, & mettre aussitôt sa Femme sous la conduite d'une Vieille, qui les devait conduire l'un & l'autre, & sans les perdre-de-vue, dans une terre du Duc en Touraine, dont le château était comme un petit fort. La conduite que Jeaugerot devait tenir dans ce château était conforme aux vues du Duc de ***, & devait durer autant que le goût de ce Dernier.

Tout cela manqua par l'aveu de sa faiblesse, que Virginie crut devoir faire. La passion du Duc se changea en barbarie. Mais Mademoiselle F** ne fut pas la seule qui se ressentit de sa colère: La Balbin en fut traitée avec encore plûs d'indignité, puisqu'il se fit un jeu cruel de la fai e avilir par ses Valets, qui poussèrent les choses beaucoup plus loin qu'il ne l'avait ordonné. Cependant, livrée à la dégradation, abantituée à des Laquais, qui se fesaient un amusement, tantôt de la faire prendre de vin; tantôt de l'assimiler à des Infames, d'exciter des querelles entre ces Créatures, & de voir la Maitresse du Duc aux mains avec elles; tantôt de la conduire & de l'enfermer chés ces Malheureuses.... ; la Balbin, dis-je, fesait encore la destinée de Virginie: Elle pouvait prescrire à Jaugerot la conduite à tenir avec elle, & disposer en quelque sorte de sa vie. Elle en ordonna comme une Abandonnée devait le le faire : il semblait qu'elle soulageât ses peines, en en fesant éprouver de plus grandes à Celle qui en était la cause indirecte.

Vous savez comment la Balbin finit. Les Laquais dégoûtés d'elle, ne lui laissèrent d'autre ressource que l'état des Femmes au niveau desquelles ils l'avaient mises (*) ; & s'ils s'en amusèrent encore quelquefois, ce fut pour la ravaler bien audessous de ces viles Créatures. Dans cet état horrible, ils lui amenèrent un-jour Delpont, sans autre motif, que de lui causer une mortification plus sensible. Cet Homme, aussi vil que son Protecteur, dont il craignait la disgrâce, insulta à la situation déplorable de son ancienne Amie : Pour le fuir, elle pria un Laquais du Duc de la conduire ailleurs. Il le fit ; mais avec le motif abominable de lui causer la scène qui lui a coûté la vie.

Je ne vous parlerai plus de cette Infor-

(*) Ces faits ne sont malheureusement point outrés : il en est de plus odieux ; mais nous ne les raporterons pas.

tunée, dont j'ai omis une partie des avantures: J'ajouterai ſeulement, que le Duc, ſoit par oubli, ſoit par inſenſibilité, eut la cruauté inouïe de laiſſer avec une Mère réduite à l'état le plus vil, la Fille qu'il avait eue d'elle, ſon propre ſang: à-moins qu'on ne regarde cet abandon dénaturé comme une preuve qu'il ignorait à quels excès de mépriſables Valets ſ'étaient portés contre la Balbin. Je trouvai cette innocente Créature, ainſi que je vous l'ai dit; j'en ai pris ſoin comme de ma Fille; c'eſt la jeune *Fagnan*, votre Amie, dont les qualités démentent la double origine. Madame Monc**, qui d'abord avait été amie de ſa Mère, ſans la connaître, ſéduite comme tant d'autres par un extérieur de bonhommie & d'honnêteté, que la Balbin ſavait prendre quand elle voulait, vint à mon ſecours en cette occaſion: Ayant entendu parler de la triſte fin de ſon Amie, elle ſe fit connaître à moi, & m'offrit de prendre ſoin de la première enfance de Liſette, dont elle avait été mareine. J'eus lieu de me féliciter de notre liaiſon. Mais vous connaiſſez cette Femme reſpectable, & ſon éloge ſerait ici ſuperflu.

Après la mort de la Balbin, j'accompagnai M. Dangeliers à *Migé*, où nous trouvames Virginie. De retour à Paris, je me chargeai de pourſuivre Jaugerot en juſtice réglée: Le Duc l'abandonna entièrement, & ce Miſérable fut condamné à paſſer le reſte de ſes jours dans une maiſon-de-force.

Reſtait Delpont. Je ne pus entendre quelle avait été l'infamie de ſa conduite, ſans deſirer qu'il ne demeurât pas impuni. Je préſumai qu'un Homme ſi peu délicat, devait avoir commis des infidélités dans ſa place: il ne s'agiſſait que de m'en convaincre. J'y travaillai, ſans me décourager, perſuadé que la vengeance eſt une vertu, lorſqu'on a pour but d'arrêter un Scélérat au milieu de la carrière du crime. Je réuſſis; & dès que j'eus priſe ſur ce Malheureux, je profitai ſi bien de mes avantages, que je lui ai fait ſubir le même ſort qu'à Jaugerot.

Cependant je perdais mes Amis les plus

chers, Virginie, le jeune Dangeliers, & ſon infortuné Père. Mon but avait d'abord été de vous faire élever, Élise, avec la petite Fagnan : mais comme j'étais prêt d'exécuter cette résolution, M. *De-Poin***, votre Parent maternel fort éloigné, inſtruit par moi des malheurs de votre maison, me fit des propositions trop avantageuses pour être négligées ; votre intérêt me détermina ; j'acceptai pour vous. Je n'ai eu lieu que de m'en aplaudir. Enfin la mort de ce digne Parent m'a remis dans tous mes droits à votre égard.

Vous voulez m'en donner de plus ſacrés encore : mais, chère Fille, conſidérez ſi un Homme dont le premier mariage a été ſi malheureux ; qui n'a pas ſu gouverner une Épouse qui lui avait été confiée au ſortir de l'enfance ; qui peut-être eſt coupable d'une partie des égaremens de cette Infortunée ; conſidérez, dis-je, ſi un tel Homme eſt digne. de vous. Voudriez-vous, aimable Élise, unir votre ſort au ſort d'un Homme avili par Celle qui fut la moitie de lui-même ? Ne craindrez-vous pas qu'en portant mon nom, l'on ne vous confonde quelquefois avec Celle à quî vous ſuccéderez? Dans l'eſprit de beaucoup de Gens, je paſſe pour un Homme faible, qui aurait pu règler la conduite de ſa Femme, ſ'il l'avait fortement voulu. Il eſt pourtant vrai que tous mes efforts auraient été inutiles. On ne peut me reprocher, que de ne pas l'avoir préservée de ſa triſte fin, en la fesant renfermer..... Mais, la faire enfermer!.... Quoi qu'il ſoit arrivé, je ne ſaurais me repentir de n'avoir pas eu recours à ce triſte remède.

P.S. Ce n'eſt pas-là toute mon Hiſtoire: mais vous n'aurez aujourd'hui que cette *Première Partie*: J'ai quelque chose à retoucher à la *Seconde*, que je vous enverrai aprèſdemain. Elle contiendra mes Avantures depuis la mort de mes Amis, juſqu'à la veille de notre *Correſpondance*.

QUATORZIÈME LETTRE.

*Réponse d'*Élise.

le soir du même jour.

Quoi ! je suis cette Enfant, que portait Virginie, pendant ses égaremens & ses malheurs ! .... Cette Histoire horrible est celle de mes Parens ! .... Oh ! qu'ils ont souffert ! .... Mais je remarque, avec une satisfaction bien douce, que vous avez été mon second père, & que votre liaison avec M. Dangeliers, était encore plus intime, qu'avec M. De-Poin**. Vous l'avez tendrement aimé : c'est vous qui m'avez recueillie, après que la mort de ma Mère & de mon Frère l'eut conduit au tombeau ! ... Mon Ami, je ne puis m'acquiter de ce que je vous dois, qu'en vous consacrant cette existance que vous m'avez conservée.

A-présent, je relis l'*Illusion d'un Homme de Quarante ans*, & elle me déchire le cœur. Mon Père, toujours malheureux ! ... Le sort de sa première Épouse me fait frémir ! L'Infortunée ! éprouver un malheur plus grand que la mort !... Et ce Frère charmant ! ah que vous me le faites regretter ! Il m'aimait si tendrement !... Alons ; il faut que tout ce que je leur aurais dû, se réünisse dans mon cœur pour leur Ami fidèle. Oui, les sentimens qui m'attachaient à vous, étaient froids, au prix de ceux qui viennent de leur succéder. Je ne tiens plus qu'à vous sur la terre : je vois en vous tout ce que j'ai perdu. Vous seul pouvez m'entretenir de mes Parens, & me les rendre présens, malgré la mort.

Mais votre Femme !... Oh ! la malheureuse ! tant d'excès ! tant de barbarie !... Eh bien ! tous-deux vous étiez jeunes pourtant ? en avez-vous été plus heureux ? Ah ! mon Ami ! votre cruelle Histoire fait contre vos principes, mais elle ne fait pas contre vous. Parce que la plus méchante & la plus débordée de toutes les Femmes n'a jamais su aprécier ce que vous valez, j'entrevois que vous voulez m'en faire conclure, que je me suis abusée sur votre mérite. Non, je ne me suis pas abusée ; non, assurément, Monsieur. D'ailleurs, vous avez acquis par l'expérience ; des épreuves multipliées ont épuré votre cœur ; & tel que je vous vois à-présent, vous êtes l'Objet de mon estime & de mon admiration. Oui, si votre âme s'est conservée pure, unie avec la corruption même, je dois espérer bien davantage, moi, qui m'efforcerai toujours d'être digne de vous..... Une nouvelle raison m'y détermine : Je vous croyais père ; vous ne l'êtes pas, si...je sais combiner les faits.... C'est un titre si doux, que celui de Père !... Il n'est persone au monde qui mérite mieux de le porter que vous.

J'admire comment vous avez su ne rien mettre de parasite dans vos Récits : En me raportant des *Exemples*, vous m'avez fait l'Histoire de mes Parens, & celle de l'origine de mes principales Amies..........

Mais votre Commissionnaire est pressé : Adieu. J'attens avec impatience la suite de votre Histoire, & deux jours me paraîtront bien longs !

QUINZIÈME LETTRE.

Le QUADRAGENAIRE, à ÉLISE.

le lendemain.

VOTRE impatience obligeante, mon Élise, me fait trouver plûs de plaisir à la satisfaire, que vous n'en aurez à me lire: Ainsi, persuadé que ma promptitude à finir mon Histoire vous flatera, je n'ai pas l'orgueilleuse modestie de vous la faire desirer: Je puis finir aujourd'hui ce que je n'avais annoncé que pour demain, je l'achève aujourd'hui.

Mais si la Première Partie de mon Récit a produit sur vous un effet tout contraire à celui que j'avais en vue, la Seconde vous donnera peut-être beaucoup à réflechir.

HISTOIRE DU QUADRAGENAIRE.

SECONDE PARTIE.

APRÈS avoir perdu M. Dangeliers, je me trouvai presque sans Connaissances. Je songeai à M. De-Romanville: je lui écrivis, pour lui proposer de revenir dans la Capitale, & en cas de répugnance de sa part à prendre ce parti, j'offrais d'aler le joindre. Il accepta cette dernière alternative, & je commençais à mettre ordre à tout ce qui aurait pu demander ma présence à Paris, lorsque je reçus la nouvelle de sa mort. Je fus aussitôt l'annoncer à sa Veuve, qui m'en parut beaucoup plus touchée que je ne m'y attendais: Elle était elle-même fort affaiblie par une maladie de langueur. Je lui tins fidelle compagnie, jusqu'à l'instant où elle y succomba. Je consentis à être son Exécuteur-testamentaire; Thérèse, sa Femma-de-chambre, & son Amie à toute-épreuve, qui était honnêtement mariée à un M. *Talhi*, fut chargée de l'éducation de M.lle De-Romanville, à-présent Madame Dulis, & eut l'administration de ses biens. Je recueillis les débris de la fortune de cette Orfeline; je rendis-compte de mon travail à M. le Prince de····, protecteur de son Père, qui fit tout liquider sans frais, & me donna moyen de former à ma Pupile un fond clair & sans charges, de mille écus de de rentes. Enſuite nous résolumes Madame Talhi & moi, de réünir la petite Fagnan, Mademoiselle De Romanville, & Mademoiselle De-Lorris, avec la pettite Talhi, afin qu'élevées enſemble, & ſe regardant comme ſœurs, elles ſentîſſent moins leur isolement, & le malheur d'être orfelines.

Tous ces ſoins ne prenaient qu'une très-petite partie de mon temps: j'étais encore jeune; mais j'étais ſans goût pour les amuſemens ordinaires: l'amour ou l'amitié pouvaient ſeules renplir mon cœur. Je ſongeai d'abord à l'amitié. J'alai voir l'Oncle de M. Dulis: je lui peignis la ſituation de ſon Neveu, & le conjurai de l'adoucir. Mais cet Homme farouche me répondit, *Qu'il était décidé que ſon Neveu ſerait enfermé cinq ans, & qu'il ſ'en falait encore deux que ce terme ne fût expiré.* J'inſiſtai, & revins ſouvent à la charge; mais inutilement.

Je ſongeai pour-lors aux reſpectables Perſonages qui m'avaient ſi fort édifié les quinze derniers jours de ma détention. Je courus à B***: ils venaient d'en être expulſés: je trouvai à leur place.... Mais cette digreſſion eſt inutile, & je m'en abſtiens.

Je me trouvais donc à la fleur de l'âge, jouiſſant d'une ſanté parfaite, & maître abſolu de mes actions. Mon cœur flotait dans une indifférence qui le fatiguait, parceque je n'en connaiſſais pas le prix; & je desirais vaguement d'en ſortir, lorſqu'il m'arriva une de ces Avantures incroyables, qui laiſſent un long étonnement, après même qu'on n'en peut plus douter.

Je paſſais un ſoir rue *Neuve-ſaint-roch* devant la boutique d'une Lingère: Un ſpectacle intéreſſant fixa mon attention; c'était une Jeune-perſone d'environ ſeize ans, jolie, mais plus touchante mille-fois que jolie. Elle pleurait; tandis que ſa Maitreſſe, qui me parut très-groſſière, l'injuriait avec les épithètes les plus dures. La ſcène ſe termina par un ſoufflet, que cette Femme donna à la Jeune-perſone, qui ſortit en pleurant, ſuivie d'un paquet de hardes, dont la Lingère venait de charger un Savoyard. —Où ce que j'alons, ma'mſelle? —Hélas! je n'en ſais rien—. Je m'aprochai auſſitôt. J'avais eu le temps de l'examiner; je crus reconnaître ſes traits; mais j'eus de la peine à bien démêler quelle était la Perſone qu'ils me rapelaient. Enfin ſa démarche & le ſon de ſa voix, qui reſſemblaient à la démarche & à la voix de cette Dame que j'avais aimée en arrivant à Lyon, débrouillèrent mes idées. —Permettez-moi une queſtion, Mademoiselle, lui dis-je: Comment vous nommez-vous? Elle me répondit, en baiſſant la vue: —Je ſuis une orfeline, Monſieur, qui apartenait à d'honnêtes Parens: on m'avait mise chés cette Marchande, qui me renvoie, parceque—..... Elle ſ'arrêta, en ſanglotant, & parut n'ôser en dire davantage. —Mondieu! repri-je, me tromperais-je? daignez me dire, ſi vous n'êtes pas une Demoiselle *De-Champmartin*—? A ce nom, la Jeuneperſone me regarda: —Je ne vous connais pas., Monſieur; mais vous venez de dire mon nom. —Il eſt juſte que je me faſſe connaître. On me nomme *Glancé*—. Une rougeur prodigieuse monta au visage de l'aimable Fille. Elle demeura quelques inſtans immobile, en me fixant. —Êtes-vous le parent d'un M. Glancé, qui, à mon âge à-peu-près, a demeuré chés mes Parens—? Je ne ſais par quel motif; mais la vérité ſur la langue, & prêt à la dire, je mentis: —C'eſt mon Frère—, répondis-je. —Ah! Monſieur! ayez pitié d'une Orfeline; je ne tiens plus à perſone: daignez me ſervir de père. —De tout mon cœur (& je ne ſais quel inexprimable attendriſſement fit couler mes larmes.) —Je viens d'apercevoir un Homme (me dit-elle tout-bas) que je voudrais bien qui ne nous ſuivît point—. Je me retournai; je vis effectivement un Jeunehomme qui nous obſervait curieusement. Je le laiſſai paſſer devant nous.

Un caroſſe-de-place ſ'étant trouvé-là, j'y fis monter Mademoiselle De-Champmàrtin, & je la conduisis chés moi.

Elle ſe livrait avec un air de confiance qui me fesait plaisir, mais qui ne laiſſait pourtant pas que de me ſurprendre. En arivant, je la mis en poſſeſſion de l'apartement qu'elle devait occuper, je lui envoyai ma Femme-de-charge pour prendre ſes ordres, & je me retirai, afin de la laiſſer libre.

Le ſoir, à mon retour, je m'informai d'elle : on me dit, qu'elle avait paru fort contente ; qu'elle ſ'était occupée à arranger ce qu'elle avait aporté ; qu'enſuite elle avait demandé un Livre, & qu'on lui avait donné *Paméla*. J'envoyai lui demander, ſi elle voulait ſouper avec moi, ou, comme elle était fatiguée, reſter dans ſa chambre. Elle vint, tenant ſon livre à la main. Une Fille tendre ne fait pas à un Père chéri un accueil plus flateur. Ma ſurpriſe redoubla : Je ne ſavais que penſer. Je répondis à ſes careſſes. Mais tout en ſ'abandonnant aux mouvemens ſecrets de ſon cœur, Mademoiselle De-Champmartin les tempérait par cette timide honnêteté qui caractériſe l'innocence. Elle m'inſpira du reſpect. Je lui demandai, en ſoupant, ſi elle voulait reſter chés moi, ou entrer dans quelque couvent ? —Comme il vous plaîra ; mais je préfère de vivre avec vous. —Je ſuis un Homme ſeul. —Juſqu'à ce moment, j'ai craint tous les Hommes : je ne vous crains pas ; loin de-là. —Mademoiselle, votre confiance eſt bien placée ; mais permettez-moi de vous dire, qu'elle n'est pas aussi réfléchie. —Il est vrai, Monsieur, qu'elle n'est pas le fruit de la réflexion : elle est venue d'elle-même dans mon cœur, & elle y restera—.

Enchanté de ses réponses, entraîné moi-même par une sorte d'instinct puissant, je lui pris la main, que je pressai contre mon cœur. Elle ne la retira point, & paraissait me la laisser avec complaisance. Au sortir de table, je la priai de me mettre au-fait de ce qu'il était utile que je connusse de ses affaires. —Vous alez tout savoir, me répondit-elle.

—J'ai perdu ma Mère en naissant : une chute qu'elle fit en portant elle-même à la poste une Lettre qu'elle ne voulait confier à Persone, parce qu'elle était pour mon Père alors à Paris.... —Pour votre Père !... Il était à Paris ! .... On m'a raconté les choses bien différemment ! —Je vous dis la vérité (reprit-elle) ; croyez-moi. Cette chute, lui coûta la vie. Mais on sauva le Fruit qu'elle portait ; & je suis cette malheureuse Enfant. Ma Mère ne put mettre à la poste la Lettre dont je viens de parler ;

elle la ſerra, comptant l'envoyer lorſqu'elle ſe porterait mieux. Elle mourut, & la fatale Lettre fut trouvée & lue par M. De-Champmartin.... —A ſon retour de Paris? (interrompis-je encore). —Je dis tout ce qu'il faut dire (reprit-elle). Cette Lettre le rendit furieux..... On me mit en nourrice; & j'y fus très-négligée: on m'a raconté qu'on ne me fourniſſait pas même le plus abſolu néceſſaire. A quatre ans, on m'en retira; une de mes Tantes, ſœur de ma Mère, voulut bien ſe charger de ma première éducation. Je n'ai qu'à me louer de ſes ſoins maternels: mais ils durèrent trop peu. Je perdis à l'âge de treize ans ma chère Tante Delatour: c'était une excélente Femme! vous devez l'avoir connue.

J'alai donc pour la première-fois demeurer demeurer chés M. De-Champmartin: mais j'y fus reçue & regardée comme une Étrangère: toutes les attentions étaient pour ma Sœur aînée. Cependant, ſ'il y eut alors quelques adouciſſemens à mon ſort, ce fut à cette aimable Sœur que je les dus. Elle me témoignait l'amitié la plus tendre; elle me fesait part de tout ce qu'on lui donnait; elle me procurait tous les amusemens qui dépendaient d'elle, en-un-mot, elle me tenait lieu de mère.

Cette bonne-intelligence déplut à M. De-Champmartin: Au-bout de six mois, il m'annonça que j'alais partir pour Paris, & que j'entrerais chés une Lingère, pour y aprendre le travail & le commerce. Surprise d'une pareille destination, pour la Fille de M. De-Champmartin, j'en témoignai mon étonnement à ma Sœur. Aulieu de me répondre, elle m'embrassa les larmes aux yeux, en me disant: —Ma chère Laure, j'ai fait tout ce que j'ai pu; je n'ai rien gâgné; il faut te soumettre: mais compte sur mon amitié: je te la prouverai un-jour; quant à-présent, elle t'est plus nuisible que profitable.

Je partis donc. Comme j'étais assise dans le coche-d'eau, seule & fort triste, en attendant qu'il demarrât, un Inconnu m'aborda, en me demandant, Si je n'étais pas Mademoiselle Laure! Je répondis que c'était moi-même. —Voudriez-vous bien vous charger de ce paquet, pour la Dame chés laquelle vous alez—? Je le pris, en promettant de le remettre exactement. L'Inconnu ſourit & ſe retira.

Arrivée à Paris, je remis le paquet. Avant que de l'ouvrir ; on m'avait reçue avec de certains égards : mais dès qu'on eut lu, je m'aperçus que les manières changeaient. On me preſcrivit aſſés durement mon devoir ; qui reſſemblait parfaitement à celui d'une Servante. Enſuite on me donna un paquet cacheté, qui était pour moi, en me disant de le ſerrer dans ma caſſette, & de ne l'ouvrir, que quand on me le dirait. J'obéis : Mais tout ce que je voyais, me ſurprenait étrangement, & dès que je fus ſeule, une abondance de larmes coula de mes yeux.

Je ne vous ferai pas le détail de tout ce que j'ai eu à ſouffrir dans cette maiſon depuis ſix mois. J'étais audeſſous des Servantes ; j'en rempliſſais toutes les fonctions, sans avoir l'agrément d'être humainement traitée, lorſque je m'étais acquittée de ce qu'on apelait mon devoir. Je vous dirai ſeulement, que ce qui me révoltait davantage, c'était d'être forcée de souffrir, sans m'en plaindre, les espiègleries (c'est ainsi que sa Mère les apelait) d'un poliçon de Fils, âgé de près de vingt ans, qui prenait avec moi les libertés les plus humiliantes pour une Fille : (vous l'avez vu; c'est lui qui me suivait.) Lorsque je le repoussais, quoiqu'avec modération, j'étais accâblée par la Mère, des épithètes les plus révoltantes. La scène dont vous avez vu tantôt la conclusion, a été occasionée par un soufflet que j'ai apliqué de toute ma force à l'impertinent Monsieur, qui venait d'entreprendre l'impudence la plus caractérisée, tandis que j'étais montée sur l'un des comptoirs, & occupée à remettre en place des marchandises. On m'a maltraitée : j'ai parlé avec résolution; on m'a chassée. C'est une inhumanité..... Mais sans tout cela, je ne vous aurais pas connu, Monsieur—.

En achevant ces mots, la Jeune-persone versa quelques larmes. Ensuite elle leva les yeux sur moi, d'un air si tendre, si pénétré, que je ne m'étais moi-même jamais trouvé si ému.

Elle demeura donc chés moi. Je la voyais tous les jours ; & tous les jours de nouvelles qualités m'attachaient à elle davantage. Je m'en crus amoureux. Je pensai très-férieusement à l'épouser, fuposé qu'elle y consentît ; ce que je regardais comme sûr, attendu l'amitié qu'elle me témoignait. Un-jour que nous étions feuls, & que je lui disais des choses fort tendres, elle vint se jeter dans mes bras, en me disant : —Vous êtes ce j'ai de plus cher au monde. —Eh-bien, ma chère Laure, soyons inséparables. —Nous le sommes. —Oui : mais il est un lien plus fort, qui vous donnerait un état : soyez mon Épouse—. Laure me regarda en rougissant.

—Je ne vous ai pas fait mon Histoire en entier, (reprit-elle au-bout d'un moment) : j'ai passé légèrement sur l'article du paquet cacheté qu'on m'avait donné ordre de serrer sans l'ouvrir ; un sentiment de honte, que je n'ai pu surmonter jusqu'à-présent, même avec vous, m'imposait silence : mais ce que vous venez de me dire, me force à ne vous plus rien déguiser. Je gardai le mystérieux paquet

paquet plusieurs mois. Enfin un-jour ayant entendu à la dérobée quelques mots d'une conversation de la Lingère avec son Fils, à mon sujet, où il était question de cet Écrit, la curiosité fut la plus forte : je fis en-sorte de me procurer les moyens d'avoir de la lumière dans ma chambre le soir (car on m'obligeait à me coucher dans l'obscurité): j'attendis que tout le monde fût endormi, je brisai le cachet, & je trouvai sous enveloppe, les deux Lettres qui devaient m'instruire. Lisez-les vous-même : celle-ci est la Lettre que ma Mère portait à la poste pour mon Père: l'autre est un Écrit adressé à moi-même par M. De-Champmartin—. Je pris ces deux pièces singulières des mains de Laure :

A Monsieur GLANCÉ, *quai d'Orléans, à Paris.*

Je lus dix-fois cette adresse: j'avais un nuage devant les yeux, & croyais me tromper. Je passai au corps de la Lettre, sans rien dire à Laure.

Me pardonnerez-vous le plus involontaire des caprices, mon cher Glancé? Oui, quand vous saurez ce qui l'a occasionné. J'étais enceinte, lorsque je vous ai banni: Dans les commencemens de cet état, j'ai des disparates étonnans dans le caractère: si j'avais connu ma situation, je m'en serais défiée; mais je ne m'en doutais pas. Mes fantaisies cessent au bout de quelques mois; & alors, je redeviens ce que j'étais auparavant. Si vous savez encore comme j'étais tendre pour vous, vous connaissez mes sentimens actuels, augmentés de tout ce qui parle au cœur d'une Femme sensible, pour l'Homme qui l'a rendue mère. Venez, Glancé, venez; il le faut: si nous avons à rompre, que ce ne soit du-moins qu'après avoir satisfait au vœu de la nature. J'ai lu que le Californien sauvage ne quitte sa Femme qu'après en avoir reçu le dépôt qu'il lui avait confié. Ne soyez pas plus barbare que le Californien sauvage; c'est tout ce que je demande. Toute à vous,

LAURE COLLETET.

Je demeurai immobile, après la lecture de cette Lettre. —Vous êtes mon Oncle, s'écria Laure, en se jetant dans mes bras: vous m'avez tenu lieu de père, & j'ai les ſentimens d'une Fille à votre égard : depuis que j'ai le bonheur de vivre avec vous, je vous ai ſouvent interrogé ſur votre famille, pour aprendre quelque chose de mon Père : mais vous m'avez paru chaque fois avoir des raisons pour écarter l'éclairciſſement que je desirais—. Jelui baisai le front, en fondant en larmes ; & ſans lui répondre, je pris l'autre Écrit, ſigné *Champmartin*.

Pour LAURE.

Je ne ſuis point votre Père, Mademoiselle : la Lettre de votre Mère en eſt la preuve complette. Elle la portait elle-même à la poſte, pour ne ſ'ouvrir à Perſone ſur ſon criminel ſecret, lorſqu'elle fit une chute, qui lui causa la mort. C'eſt ainſi que le crime eſt puni par le crime. Je n'ai lu cette Lettre qu'au bout de trois jours ; c'eſt pourquoi vous portez mon nom. Mais vous ſentez qu'il eſt usurpé. Je vous donne un état conforme au rang que vos Pareilles doivent tenir dans le monde : ſongez à en profiter de mon vivant J'ai eu ſoin de mettre ma Fille dans l'impoſſibilité de rien faire pour vous. On vous mariera, ſi vous le méritez par une ſage conduite, d'une manière convenable à votre fortune réelle. Adieu, Laure: vous n'êtes pas coupable; mais votre Mère le fut audelà de toute expreſſion.

—Mon cher Oncle (me dit Laure, lorſqu'elle ſ'aperçut que j'avais achevé de lire); l'honnête Parti qu'on me deſtinait, c'eſt le Fils ſi bien élevé de la Lingère: & la cause de l'excès des mauvais-traitemens que j'ai eus à eſſuyer, venait du mépris que je ne pouvais m'empêcher de lui montrer, quand il voulait me parler ſans témoins. —Ma Fille à ce Miserable—! (m'écriai-je avec indignation).... Enſuite ouvrant mes bras à Laure, je lui dis: —Oui, vous êtes ma Fille: Je ſuis ce même Glancé auquel la Lettre eſt adreſſée: Lorſqu'à la demande que vous me fites le jour de notre rencontre, je répondis que c'était mon Frère qui avait demeuré chés vos Parens, ces mots ſortirent de ma bouche comme malgré moi, aparemment par un ſentiment de honte.... Car je ſuis loin de me croire innocent—.

Imaginez, ma chère Élise, quels furent les tranſports de cette Fille ſenſible!...

Je me trouvai le plus heureux des Hommes, après cette découverte.... Mais j'avais des inquiétudes: car, je l'ai obſervé, le bonheur fondé ſur le crime, n'eſt jamais aſſuré.

Un-ſoir que je rentrais un-peu tard, je fus ſurpris de trouver à ma porte une eſcouade. Je paſſai, en me fesant connaître. Mon Portier était gardé à vue. Je monte à mon apartement, eſcorté par deux Fusiliers, & j'y trouve un Commiſſaire verbalisant, Laure en pleurs entre deux Soldats. Je demande qu'on m'inſtruise. On me présente un ordre du Roi, obtenu par M. De-Champmartin, pour enlever ſa Fille cadette de la maison d'un Homme qui l'avait débaûchée, & la renfermer à l'Hopital, pour tout le temps qu'il plaîrait à ſon Père de l'y retenir. Je frémis d'indignation. Mais je ne ſavais comment faire valoir des droits, qui n'avaient pas la ſanction ſacrée de la loi. Enfin, je me déterminai à montrer l'Écrit de M. De-Champmartin, par lequel il desavouait Laure pour ſa Fille. L'Officier me dit, Qu'il ne pouvait avoir aucun égard à un pareil écrit, n'étant qu'un ſubalterne qui exécutait des ordres ſupérieurs. Je demandai qu'aumoins, ſur les preuves que j'offrais de donner au Magiſtrat, & dans l'inſtant, de l'innocence de Laure, elle fût conduite dans une retraite moins deshonorante. A cela, point d'autre réponſe, ſinon, —J'exécute mes ordres—. J'étais furieux; & j'avoue que je fus tenté ... Mais une réflexion ſubite me vint : Il faut reſpecter le Pouvoir public dans le Dernier, comme dans le Premier de ceux qui l'exercent. Je me ſoumis donc. Laure fut conduite en voiture, à la maison-de-force; mais je la ſuivais, & j'eus ſoin de prévenir la Supérieure, en ne lui déguisant rien: Ma Fille fut traitée avec les égards qu'elle méritait.

Dès que j'eus pourvu au plus preſſé, je me hâtai de revenir chés moi: je paſſai la nuit à faire deux mémoires; l'un pour le Magiſtrat de la Police; l'autre pour le Miniſtre. Je n'y déguisais rien, & j'y donnais copie des deux Lettres. Le lendemain, je me hâtai d'aler présenter le premier. Malheureusement le Magiſtrat était malade: il ne put examiner mon affaire. J'alai à Verſailles.

Je présentai mon ſecond mémoire. Il fit impreſſion : mais on me renvoya devant le Magiſtrat malade. Trois jours ſe paſſèrent ſans rien avancer. J'alais voir Laure pluſieurs fois le jour. Elle était anéantie ; mais elle ſ'efforçait de paraître tranquille en ma préſence.

J'apris, durant ces trois jours, comment toute l'intrigue avait été conduite : Lorſque j'avais abordé Laure, le Fils de la Lingère la ſuivait, & tant de ſon propre mouvement, que par l'ordre de ſa Mère, il venait pour la faire rentrer. Ces Gens, qui étaient bien ſûrs que Mademoiſelle De-Champmartin ne connaiſſait perſone à Paris, & qui la ſavaient honnête, ne doutaient pas qu'après une certaine tournée, elle ne fût obligée de venir ſe mettre à leur diſcrétion. Ils ſe proposaient alors de ſe faire valoir, & de preſcrire des conditions : D'ailleurs, le Fils de la Lingère était éperdûment amoureux de Laure, & c'était par la mauvaiſe éducation qu'il avait reçue, qu'il ſ'y prenait mal avec elle. Mais ce Garſon remarquant un Étranger qui parlait à la Jeune-perſone, il avait eu la curiosité d'attendre, pour ſavoir ce qui ſ'alait paſſer. Nous voyant enſuite monter en voiture, il n'avait pas douté que Laure ne ſe livrât au Premier-venu; il nous avait ſuivis juſqu'à ma maison; il nous avait vus entrer, & tous les jours, il avait eu ſoin de venir examiner, ſ'il n'y avait aucun changement. Il fit connaiſſance avec ma Femme-de-charge, qui, ſans lui rien dire de positif ſur Laure, ne lui cacha point que nous vivions enſemble dans la plus grande intimité. Ce Jeune-homme, croyant Laure entretenue, devint jaloux à la fureur. Sa Mère eut la même opinion; ils écrivirent à M. De-Champmartin des horreurs contr'elle. Il vint ſur le-champ à Paris. Il nous vit Laure & moi à ma croisée causer avec cet air d'intelligence & de familiarité qu'il était ſi naturel qui regnât entre nous. Sur-le-champ, il fit un mémoire, dans lequel il m'accusait d'avoir ſéduit une Jeune-perſone, dont il détaillait l'origine, & de vivre avec elle, à la vérité, ſans le ſavoir, dans un commerce inceſtueux. Mes deux mémoires devaient détruire ces imputations.

Auſſi ne tardai-je pas à obtenir l'ordre de la liberté de ma Fille. J'alai la chercher à l'inſtant même, quoiqu'il fût dix heures du ſoir. La Supérieure voulut bien ſe relâcher des règles, & me la donner. Mais le vieux De-Champmartin, inſtruit de toutes mes démarches, & ne ſe doutant pas des moyens que j'avais employés pour ma juſtification, crut que dès que j'aurais Laure, j'alais l'attaquer en juſtice règlée, pour qu'il fût tenu de la traiter comme ſa Fille, & de lui rendre la moitié du bien de ſa Mère. Pour prévenir ce coup, il ſonda le Fils de la Lingère: Il trouva ce Vaurien diſposé à effectuer un enlèvement: En-conſéquence, il lui donna un pouvoir par écrit de ſ'emparer de Laure, pour la ramener chés ſa Mère, lorſque j'irais pour la prendre au ſortir de l'Hopital. Le Jeune-homme, aſſuré contre la rigueur des loix, par le conſentement de m. De-Champmartin, ſe fit eſcorter par une douzaine de ſes Camarades, armés de piſtolets. Ils me ſuivirent, me virent ſortir de la maiſon-de-force; mais ils me laiſſèrent rentrer dans Paris, & ne m'attaquèrent qu'au coin de la rue de Bièvre. J'étais avec un ſeul Domeſtique: Je fus obligé de céder à la force. On entraîna Laure, malgré ſes cris, & on la porta dans une autre voiture, qui partit, pendant qu'on me retenait dans la mienne.

Laure fut conduite chés la Lingère, où elle trouva le vieux De-Champmartin, qui la maltraita. Elle lui dit courageusement, Que l'ayant desavouée, il n'avait aucune autorité ſur elle; qu'elle devait ſa délivrance de la maison infame où il l'avait fait mettre, à ſon véritable Père, des bras duquel on venait de l'arracher avec violence. Elle lui aprit enſuite comment elle m'avait rencontré pour la première-fois, & comment je m'étais comporté à ſon égard durant ſon ſéjour chés moi. Champmartin oûtré, l'écoutait l'œil fixe & la rage dans le cœur. Lorſqu'elle eut achevé de parler, il dit au Fils de la Lingère: —En envoyant ici cette Créature, j'avais compté ſur toi; mais tu n'ês qu'un Fanfaron.... Répare ta faute, & fais-en ta Femme ſur l'heure; je te donne ſa dot—. . . . .

Je ne mettrai pas sous vos yeux la scène d'horreur qui se passa. J'arrivai. Car dès que la Garde du port eut fait fuir ceux qui me retenaient, & que j'eus rendu-compte de ce qui venait de se passer, j'avais volé sur les traces des Ravisseurs. Le bruit qui se fesait dans l'intérieur de la maison, à près d'une heure du matin, avait déja fait atrouper quelques Passans. —A mon secours, mes Amis! leur dis-je: c'est ma Fille, qui est là-dedans, & sans-doute sa vie ou son honneur sont exposés: aidez-moi à enfoncer cette porte, tandis que d'autres iront chercher la Garde & un Commissaire—. On me seconda. Nos coups redoublés effrayèrent les Coupables: La Lingère vint ouvrir accompagnée du vieux Champmartin, qui se disposait à haranguer ceux qui m'avaient aidé. Mais je ne lui en donnai pas le temps. Je le renversai par terre avec sa Complice, & leur passai sur le corps pour courir à ma Fille. On venait de l'enfermer dans un cabinet. Il falut en briser la porte. Je trouvai Laure évanouie. Je la pris dans mes bras; je l'enlevai; je ſortis ſans obſtacle, & la portai plus léger que les vents juſques chés moi. Je n'avais pas ſenti la fatigue; mais en arrivant, je tombai ſans force.

Cependant Laure meurtrie ſe mourait. Mes Gens effrayés de l'état où nous étions tous-deux, firent retentir la maison de leurs cris. Je revins à moi, & les prompts ſecours que je procurai à ma Fille, mes tendres ſoins, & la force de ſa jeuneſſe la ſauvèrent. Dès qu'elle put ſouffrir le tranſport, je la fis conduire dans un monaſtère inconnu. Elle y a demeuré deux ans.

M. De-Champmartin voulut me pourſuivre: mais on lui imposa ſilence. Enfin ce Vieillard mourut. La Sœur aînée de ma Fille vint auſſitôt à Paris chercher Laure. Cette reſpectable Femme me représenta, que nous devions à la mémoire de Madame De-Champmartin de faire ceſſer le ſcandale, qu'avaient causé les différentes ſcènes occasionnées par ſon Père. En conſéquence, elle me pria de lui rendre ſa Sœur, àvec laquelle elle voulait partager également la ſucceſſion paternelle, du conſentement de ſon Mari. Je fus pénétré de tant de nobleſſe & de grandeur-d'âme. Je rendis Laure à ſa Sœur. Elles vivent aujourd'hui dans la plus intime union. J'entretiens un commerce de Lettres avec ma Fille, dans lequel ſa Sœur entre de moitié; mais il eſt ſecret, & je fais à Madame De-la-Rupelle, le ſacrifice du plaisir que j'aurais eu à vivre avec ma Fille.

Je n'ai confié ce ſecret qu'à vous, ma chère Elise; mais dans les termes où nous en ſommes, & avec l'eſtime reſpectueuse que j'ai pour vous, j'ai cru que c'était un devoir de vous le déclarer. D'ailleurs, peut-être que voyant qu'il faut partager mon cœur, vous le laiſſerez tout-entier à la tendreſſe paternelle.

J'ai ſenti pendant longtemps le vide de la privation de Laure. Mais enfin: je me ſuis cherché d'autres occupations. Je vous voyais tous les jours, Élise: La petite Fagnan commençait à grandir: Je la pris chés moi; je la formai, & je tâchai de m'en faire aimer. J'y réüſſis. Mais je payai bien cher cet innocent plaisir. A-mesure que ses traits se dévelopaient, elle ressemblait davantage à son infortunée Mère: Un souvenir cruel me rendit une seconde-fois présentes toutes mes peines passées, & redoubla le regret du bonheur trop court dont j'avais joui. Cependant j'aurais peut-être toujours gardé avec moi cette charmante Enfant, si je n'avais pas vu quelques-uns des malheurs de sa Mère prêts à fondre sur elle.

Vous savez qu'elle est fort gaie, & vive jusqu'à l'étourderie: d'ailleurs, innocente, naïve, comme toutes les Jeunes-filles qui n'ont jamais été entourées que de Persones honnêtes & sûres; elle était sans aucune défiance des Hommes, & ne se doutait pas de l'effet que ses espiégleries pouvaient produire.

Un-jour qu'elle était à la promenade avec sa Gouvernante, & Mademoiselle De-Lorris, proche le *Colisée*, qu'on bâtissait alors, ces deux Jeunes-persones s'écartèrent en folâtrant. Deux Hommes-de-qualité, qui se trouvèrent-là, les joignirent, & leur tinrent quelques propos. Mademoiselle De-

Lorris, qui eſt plus âgée de deux ans, ne leur répondit rien, & dit à ſa Compagne: —Alons-nous-en! —Alez-vous-en, ſi vous avez peur—, lui répondit Fagnan. Les deux Hommes continuèrent la converſation: la petite Perſone leur répondit par des ſaillies plaisantes. Enfin ces Meſſieurs voyant que ſa Compagne était déja fort éloignée, & ne ſachant que penſer, lui proposèrent de monter dans leur voiture.

Il falait avoir l'innocence & l'étourderie de Fagnan, pour accepter. Cependant elle ne ſe fit pas preſſer beaucoup; non qu'elle eût deſſein d'aler chés ces deux Inconnus; mais il lui paſſa par la tête l'idée folle de faire gronder ſa Compagne, qui l'avait quittée, & de lui causer la plus grande inquiétude. Elle monta donc, & pria qu'on la remenât chés moi. On lui demanda ſi j'étais ſon Père? Elle répondit qu'elle n'en ſavait rien. Si j'étais marié. —Je ne ſais pas. —Eſt-ce votre Parent? —Je l'ignore. —Sur quel piéd êtes-vous donc chés ce Monſieur? —Sur aucun. —Mais il vous aime? —Oh! beaucoup. —Et vous? —Je l'aime infiniment. —Vous connaissez votre Mère sans-doute? —Moi! non. —Vous n'avez pas de Mère? —On ne m'en a jamais parlé. —Quel âge avez-vous, Mademoiselle? —Treize ans. —Depuis quand vivez-vous avec ce Monsieur? —Depuis l'enfance. —Votre Compagne sera bien attrapée, quand elle ne vous verra plus! —Oh-oui! (dit Lisette en éclatant de rire.) —Et votre Bonne, que dira t-elle? —Elle grondera. —Et vous vous en mocquez? —Oh! pour ça oui—.

Pendant ces questions, souvent interrompues par le rire, on arriva chés l'un des deux Inconnus. —Ce n'est point ici chés nous. —On va vous y conduire, après que vous vous serez reposée un instant. —Je ne suis pas fatiguée. —Accordez-nous une minute—. En prononçant ces paroles, le Maître de la maison la remit entre les mains d'une Femme, qu'il instruisit de la conduite qu'elle devait tenir. On fit passer adroitement Lisette dans une pièce qui ne donnait que sur un jardin; on lui servit des rafraîchissemens, dont elle prit ce qui lui plut, & on l'enferma.

Dès

Dès que la petite Perſone ſ'aperçut qu'elle était privée de ſa liberté, elle devint furieuse. Rien ne pouvait la calmer. Elle brisa tout ce qui ſe trouva dans l'appartement, bleſſa la Femme qui vint voir ce qu'elle avait, & voulut ſ'en-aler. Le Maître de la maison était ſorti ; ſes Gens renfermèrent étroitement Mademoiselle Lisette jusqu'à ſon retour.

Cependant la Gouvernante, inſtruite de l'imprudence de Fagnan, par Mademoiselle De-Lorris, la cherchait, & la fesait chercher dans le cours. On ne la trouva point. Cette Femme revint chés moi desespérée, m'annoncer une ſi triſte nouvelle. J'interrogeai Mademoiselle De-Lorris ; mais je n'en pus tirer aucunes lumières. Je me diſposai à courir chés le Magiſtrat de la Police, afin de prévenir, ſ'il était poſſible, les ſuites funeſtes de cet accident. Mais je n'alai pas loin.

Lisette enfermée, ne demeurait pas tranquille: à-force de tout ébranler, elle trouva moyen d'ouvrir la croisée & les volets: Elle jette un coup-d'œil dans le jardin, &

voit qu'avec le ſecours d'une corde, elle pourra ſe gliſſer, & ne tomber que d'environ vingt piéds. Elle coupe le cordon de la ſonnette de l'apartement, l'attache au balcon, ſ'y ſuſpend, & ſe laiſſe tomber heureusement ſur une melonière, qui adoucit ſa chute. La première chose qu'elle fit, lorſqu'elle fut à terre, fut d'éclater de rire, en ſe disant à elle-même, *Ils vont être bien attrapés!* Enſuite, elle chercha à ſe cacher. Elle y réüſſit facilement. Tandis qu'elle était tapie derrière une touffe de rosiers & de lilas, elle aperçut le Jardinier, qui entrait avec un arrosoir. Elle le laiſſa faire; & dès qu'elle le vit occupé, elle ſortit de ſa cache, en gâgnant du côté de la porte; mais ſans courir, & comme en ſe promenant. L'Homme ayant vidé ſon arrosoir, ſe retourne, & la voit. —Que voulez-vous donc, mam'selle? —Pardonnez, bon Père; la curiosité m'a fait entrer dans ce jardin; mais je n'ai rien gâté—. Le vieux Jardinier, touché des grâces de cette figure mutine, lui dit qu'elle pouvait ſe promener tant qu'elle voudrait, & lui cueillit un bouquet

de ſes plus belles fleurs. Lisette le remercia, & ſortit, à l'inſtant où le Maître de la maison de retour, mettait la tête à la croisée par où elle venait de ſ'échaper. Il l'aperçut même, & cria au Jardinier de la rapeler. Mais Lisette était déja loin.

J'alais chés le Magiſtrat, lorſqu'au coin d'une petite rue qui donne dans celle *Grammont*, j'aperçus Mademoiselle Fagnan hors d'haleine, qui courait de mon côté. Je fis arrêter, & je la reçus dans ma voiture. Elle me raconta en gros tout ce qui lui venait d'arriver : mais ſans effroi, en riant de bon-cœur, ſur-tout quand elle venait à ſe représenter l'embarras où devaient être ceux qui l'avaient enfermée, & combien le vieux Jardinier ſerait fâché de lui avoir donné ſes fleurs, & de l'avoir laiſſée ſortir.

Je fis tout ce qui fut en mon pouvoir, pour lui faire ſentir l'imprudence de ſa démarche; mais elle ne m'entendait pas; & pour me faire comprendre, il aurait falu tout-d'un-coup l'éclairer ſur des choses qui me répugnaient trop.

Je me fis conduire à la porte du Jardin

d'où elle ſortait. Nous y trouvames le Maître de la maison, qui était un Officier-général, âgé de quarante-cinq ans, & encore garſon. Il me fit des excuses, que je ne pus me diſpenſer de recevoir, lorſqu'il m'eut détaillé comment les choses ſ'étaient paſſées, & qu'il m'eut aſſuré ſur ſon honneur, que ſon intention n'était pas que la Jeune-demoiselle paſſât la nuit dans ſon hôtel, ni qu'on l'enfermât en ſon abſence, comme on avait fait. Il ſe proposait de la reconduire le ſoir de bonne-heure, & de ſ'informer de ce qu'elle était.

Cette avanture ſingulière, me détermina ſur-le-champ à confier Fagnan à Meſdames *Monc**** & *T***, qui venaient d'établir la penſion honnête où vous avez paſſé quelque temps. J'y mis auſſi Mademoiselle De-Lorris; Mademoiselle De Romanville y entra quelques jours après, ainſi que la jeune Talhi. Vous perdites alors M. De-Poin**; & l'on vous réünit à toutes ces jeunes Beautés, dont vous futes le modèle.

Pour éviter la ſolitude abſolue où je me trouvai encore, j'invitai M. De-Lorris, qui commençait à entrer dans le monde, à occuper un corps-de-logis dans ma maison. Il était à peine inſtalé, que le vieux Dulis mourut.

Il avait fait ſon Neveu le Prisonier ſon légataire univerſel, & il déclarait par ſon Teſtament, Qu'il ne l'avait renfermé pour aucun ſujet qui le méritât, mais pour le garantir des piéges inévitables qu'on rencontre dans le monde : Qu'il était perſuadé que l'Homme ne jouit parfaitement de ſa raison qu'après trente-cinq ans ; & que comme ſon Neveu avait atteint cet âge depuis deux ans, il aurait été bien tenté de lui rendre la liberté ; mais qu'il n'en avait rien fait par excès de tendreſſe ; perſuadé que ſ'il était poſſible que ſon cher Dulis ne fût maître de lui-même qu'à *quarante ans*, ce ſerait un avantage incomparable. Je fus apelé pour voir expirer ce vieux Fou, qui me nomma Exécuteur teſtamentaire.

Le premier acte d'exercice que je fis de ma commiſſion, ce fut d'aler chercher M. Dulis neveu. Il était temps : La ſolitude & la mélancolie commençaient à altérer ſon esprit. J'employai tous mes soins à le ramener doucement; M. De-Lorris me seconda : nous éloignames de lui tous ces Persifleurs inhumains, ces Contradicteurs éternels, le fléau le plus dangereux pour les Esprits faibles, ou effarouchés par quelque cause accidentelle : il faut à ces Infortunés une société de caractères doux, un-peu mélancoliques, dont la gaîté même ne s'exprime que par un doux sourire.

Nous ne tardames pas à nous apercevoir que M. Dulis avait le cœur extrêmement tendre : nous en augurames bien; parcequ'il est sûr qu'il n'y a rien qui remette si promptement la raison, sur-tout à son âge, qu'un amour heureux. Il ne s'agissait donc plus que de le porter à bien choisir. Mais ce n'était pas une chose aisée. Tout ce qui avait l'aparence de la contrainte fesait câbrer cet Homme ombrageux : une Fille dont la beauté l'aurait charmé, serait devenue un monstre à ses yeux, proposée par quelqu'un. Il était nécessaire qu'il crût choisir lui-même, sans que Persone se mêlât de son affaire. Il falait donc le conduire invisiblement : & comme c'était un Parti très-avantageux, nous jetames successivement les yeux sur toutes les Jeunes-persones de notre connaissance, dont M. Dulis n'avait encore eu occasion de voir aucune. Je songeai naturellement d'abord à Fagnan : Mais M. De-Lorris, qui dèslors avait ses vues sur elle, me fit observer qu'elle était trop gaie pour le caractère de notre Ami. Je projetais ensuite de demander ma Laure à sa Sœur, lorsqu'ayant unjour fait une attention particulière à Mademoiselle De-Romanville, je fus si frapé de son air doux & modeste, que j'imaginai sur-le-champ, qu'elle était ce qu'il falait à M. Dulis. A l'apui de cette idée, venait le peu de fortune de cette aimable Demoiselle. J'en parlai à M. De-Lorris, qui aprouva cette idée.

En conséquence, un soir que nous étions sortis tous-trois ensemble, nous dirigeames la promenade du côté de la maison de Mesdames Monc*** & I**. M. De-Lorris regarda les Demoiselles qui étaient dans la salle-basse, où nous avions eu soin qu'on mît Mademoiselle De-Romanville à l'endroit le plus aparent. —Il y a là de fort jolies Persones—, dit-il en se retirant. Aussitôt M. Dulis se guinda comme il put, & les examina toutes pendant environ un quart-d'heure, malgré les sollicitations affectées de M. De-Lorris, pour l'engager à nous suivre. Dans la vue de montrer plûs d'indifférence, je m'étais éloigné. Enfin M. Dulis vint tout-pensif à M. De-Lorris qui l'avait attendu. —Tu as été si longtemps, lui dit ce Dernier, que Glancé s'est impatienté; il est parti. —Ah mon Ami! que je viens de voir une jolie Persone! —Laquelle? Voyons? —Tiens, la Quatrième. —Oui! elle est la mieux: ce que je lui trouve surtout, c'est un air de douceur & d'innocence—. M. Dulis l'interrompit en l'embrassant avec transport: —Tu l'as dit, mon Ami! s'écria-t-il, un air de douceur & d'innocence........ Mais je n'en suis pas amoureux. —Je le crois bien!... Et-puis, quand cela serait? —J'ai quarante ans! —C'est la fleur de l'âge, quand la jeunesse a été règlée: Mais alons rejoindre Glancé. —Ne lui parle pas de ce que je viens de te dire.

dire. —Une chose aussi indifférente serait déja oubliée, si tu ne me la rapelais pas–.

Le silence fut donc exactement gardé, au moins en aparence : Nous suivimes les démarches de M. Dulis, dont nous étions exactement informés par Madame Monc***, quoiqu'elle ne nous montrât pas ses Lettres. C'était cette Dame qui insinuait à ses Filles, que les Billets-doux étaient pour Telle & Telle; & les deux Jeunes-persones fesaient passer ces mêmes idées aux Pensionaires. Lorsqu'on vit, par la tournure de la XIII.me Lettre de M. Dulis, qu'il était à-propos de la rendre à sa vraie destination, on le fit. On décida de même de la Réponse de Mademoiselle De-Romanville, & de tout le reste. Par ce moyen, M. Dulis, non contrarié, se crut parfaitement libre. Il adora sa jeune Maitresse; il en fut aimé, parce qu'on la disposait en sa faveur; & il est aujourd'hui également heureux & raisonnable. I Partie, p. 199.

Aussitôt après ce mariage, j'eus la satisfaction de voir celui de Fagnan avec l'Homme que j'estime le plûs, puisque j'avais desiré que ce fût un Parti pour vous. La manière dont ils vivent ensemble vous est aussi bien connue qu'à moi.

Il n'y a plus à pourvoir de toutes vos Amies, & de nos Élèves, que Mademoiselle De-Lorris. Sa répugnance pour le mariage me ferait soupçoner qu'elle a eu une inclination secrette pour Quelqu'un, dont elle ne pouvait espérer de devenir l'Épouse: sa mélancolie le prouve. Mais sa conduite est si régulière, qu'on ne peut que l'estimer davantage, & qu'on doit respecter son secret, en fesant des vœux pour son bonheur.

Il est inutile de rien ajouter à ces détails. J'ai été marié; mon premier mariage fut malheureux: Je l'avais sans-doute mérité par ma conduite antécédante: J'ai une Fille à quî je dois une partie de ma tendresse: J'ai plus de *quarante ans:* Me voulez vous encore, Élise, pour votre Mari?

SEIZIÈME LETTRE.

*Réponse d'*ÉLISE.

le lendemain.

OUI, *je vous veux encore.*

Vous êtes père, mon Ami? Eh-bien, je vous félicite de tout mon cœur ſur votre aimable Laure: ce ſera ma ſœur........

Voila donc toute votre défenſe! Une faute de jeuneſſe; des malheurs inévitables; l'attachement le plus tendre pour une Fille qui le mérite, & que la manière dont vous l'avez recouvrée doit vous rendre encore plus chère; la conduite la plus généreuse (quoiqu'elle fût un devoir) à l'égard d'une Jeune perſone, que d'autres que vous auraient eu la barbarie de négliger: Voila, dis-je, tout ce que vous avez à m'oposer, & ce qui devait me donner *beaucoup à réfléchir?*

Mon Ami, j'ai réfléchi en-effet, Qu'un bon Père, un Ami à toute épreuve, devait faire un excélent Mari............

A-propos de Fagnan, j'ignorais abſolument ſon équipée, & j'eſtime bien Talhi, de n'en avoir jamais parlé, quoique ce ſoit de ces choses qui peuvent ſe dire. Cette chère Lisette! Ce n'eſt plus cela: Depuis ſon mariage, elle n'a conſervé de ſa gaîté, de ſon étourderie, ſi vous voulez, que ce qu'il en faut pour être ce qu'on nomme, d'une humeur égale. J'ai vu hier ſon Mari; il en eſt enchanté; il dit qu'il ſe propose de dreſſer un autel à la Reconnaiſſance, ſur lequel ſeront placées deux ſtatues, la vôtre & celle de ſa Femme....

Mais comme j'aime votre Laure! j'en ſuis folle. Oh! il me la faudra, quoiqu'en dise ſa reſpectable Sœur, à laquelle j'ai voué une éternelle vénération, il me la faudra, dès que nous ſerons unis.

Voila une digreſſion, je crois? Mais elle ne ſaurait vous déplaire. Je reviens à vous. J'eſpère que vous n'ignorez plus quelle eſt la nature de mon attachement; il eſt raisonable. Mais cela ne veut pourtant pas dire, qu'il n'y ait abſolument que la raison qui me détermine: mon goût eſt d'accord avec elle, & je vous avoue, que vous me plaisez. Croyiez-vous donc qu'on ne puiſſe plaire qu'avec les agrémens de la première-jeuneſſe? Mais, combien y a-t-il de Gens qui préfèrent l'autonne au printemps, pour aler à la campagne? Cette comparaison rend parfaitement ma pensée.

Autre chose encore : Ainsi que moi, vous avez mille-fois observé la manière dont on en use avec les Enfans. Au berceau, sans raison, sans défense, c'est un Objet sacré; on s'occupe d'eux; toutes les Persones de la maison se font un devoir de contribuer à la conservation d'une innocente Créature, de deviner ses besoins, ses desirs, de satisfaire jusqu'à l'aparence de ses fantaisies: Mais à-mesure que l'Enfant acquiert la faculté de s'aider lui-même, les attentions diminuent en proportion. Entre Égaux par l'âge, chacun semble ne songer qu'à exiger des Autres le plûs qu'il est possible. Mon Ami, de ces deux états, relativement à vous, je choisis le premier : je desire qu'il y ait entre vous & moi, le même raport qu'entre une Persone faite, & un Enfant au berceau, afin d'obtenir de mon Époux ce tendre attachement, cette protection attentive qu'on n'a que pour les Enfans; de vous être en-un-mot un Objet sacré.

Vous voyez, mon Ami, que ce ne ſont pas les motifs louables que vous m'avez ſuposés, qui ſeuls me déterminent à vous préferer à tous les Hommes; il y entre un-peu d'égoïſme (paſſez-moi ce mot peut-être affecté ſortant de ma plume). Je ſuis très-imparfaite, très-ſuſceptible, très-orgueilleuse, fort impatiente : Il me faut Quelqu'un d'expérimenté, pour me conduire; d'indulgent, pour fermer les yeux ſur mes caprices; de prévoyant, pour me faire éviter les fautes qui m'humilieraient; dont la conduite mesurée, règlée par la prudence & par l'amitié, me faſſe éviter toutes les occasions de prendre de l'humeur. Vous voyez que je demande bien-plûs aujourd'hui, que dans la Lettre qui vous fit vous recrier ſi fort, & qui a amené votre Hiſtoire. C'eſt que je vous connais mieux : j'ai même la confiance que j'obtiendrai davantage encore; car je vois que plûs on vous connaît, plûs on a d'eſtime pour vous.

Eh-bien? croirez-vous desormais que je me ſuis déterminée en étourdie, & ſans réflexion? .... Mon Ami, ſi j'avais besoin d'exemples nouveaux pour étayer une résolution chancelante, & combattre ceux que vous me citez, j'en trouverais autant, & peut-être plûs que vous ne pourriez m'en oposer. Encore tout-récemment, on m'a conté l'Histoire de M. De-Vincelote, que vous connaissez. Il a quarante-sept ans; il est remarié depuis deux, & c'est avec sa propre Nièce. Tout le monde jeta les hauts-cris sur ce mariage. J'entendais à mes oreilles: —Mais c'est une chose infame! un Oncle! un Homme de *quarante-cinq ans*, avec une Fille de dixhuit! la Famille devrait la lui ôter—: & bien d'autres choses. On sonda la Demoiselle, qui malgré sa grande jeunesse, eut la prudence de ne rien répondre à ces discours vagues. Mais quand la Famille, excitée par la *clameur publique*, voulut se mêler de ses affaires, elle parla. —Vous vous trompez (leur dit-elle) en apelant M. De-Vincelote mon Oncle; c'est mon Père; il m'en tient-lieu depuis quinze ans, & je l'aime en Fille tendre. Il est encore jeune; il n'a point d'Héritier; il lui faut une Épouse: Je vous avoûrai, que je ne pourrais voir sans le plus violent chagrin, qu'une autre Femme m'enlevât la moitié du cœur de mon Père, & lui fût plus proche que moi. Or, comme il me faut aussi un Mari, je l'ai prié d'employer tout ce que permettent les loix, pour que nous devînssions inséparables : il a bien voulu y consentir; les dispenses sont obtenues, & je vais avoir la satisfaction d'être l'Épouse de l'Homme que j'estime le plûs, qui m'aime uniquement, & dont je préfère le nom à tout autre–. La Famille, surprise de ce langage, convaincue que Mademoiselle De-Vincelote avait elle-même demandé la main de son Oncle, n'a pu qu'aplaudir à toutes les convenances de ce mariage, avantageux à la fortune des deux Parties. Il s'est donc fait. Cette union, mon Ami, est l'image de la félicité céleste. Respect, attentions du côté de l'Épouse; tendresse infinie du côté du Mari, assaisonnée de cette indulgence aimable, qu'on a pour une Fille bienaimée.

Voila le sort que j'attens de vous. Adieu. Jusqu'à-présent, j'ai été bien-aise de votre absence, parce que je vous ai écrit plus librement que je ne vous aurais parlé : mais elle commence à me devenir ennuyeuse, & votre présence est un bien que je desire.

DIXSEPTIÈME LETTRE.

Le QUADRAGENAIRE, à ÉLISE.

le lendemain.

JE pars, ma chère Élise, & je vous verrai ce ſoir. Vous me forcez bien agréablement à faire ce que je desire le plûs. Mais comme votre bonheur m'était plus cher que le mien, j'ai employé tout ce qui a dépendu de moi pour l'aſſurer. J'avais cru que vous n'aviez fait attention à moi, que faute de connaître Quelqu'un qui valût mieux: Votre conduite ſoutenue me prouve le contraire. Je me rens enfin. Soyez ſûre, ma charmante Fille, que la Mari que vous préférez a pour vous tous les ſentimens flateurs, amour, amitié, tendreſſe paternelle, eſtime, dévoûment abſolu; il n'eſt pas d'expreſſion pour vous dire tout ce que vous êtes à ſes yeux. Il vous adore; vous êtes le bien qu'il a le plus vivement desiré.

Il eſt juſte de vous peindre toute la force de mon attachement, en ce premier inſtant où je me donne à vous: mais cet aveu ſincère eſt fait pour toujours. Je ne vous fatiguerai pas, mon Élise, par de vaines proteſtations: Vous ſerez tout pour moi, & vous le verrez.

FIN de la Correſpondance d'ÉLISE, & du QUADRAGENAIRE.

DIXHUITIÈME LETTRE.

ÉLISE, à VICTOIRE TALHI.

un an après la précédente.

Si tu ês heureuse, mon Amie, notre ſéparation m'en paraîtra moins pénible. Je t'ai bien recommandée à M. *Duſſé*, lors de votre départ. J'ai été juſqu'à lui dire, que ſi jamais j'avais desiré d'être homme, ç'aurait été pour devenir ton Mari. J'eſpère qu'il t'aime comme tu le mérites.

La naiſſance de mon Fils dans le temps de ton mariage, & votre prompt départ pour Lyon, ont été cause que tu ne m'as conté que fort ſuperficiellement, comment vous vous étiez connus : mais tout ce qui te regarde m'intéreſſe trop pour que j'en ignore volontairement les moindres détails : Écris-moi ton Avanture, mais bien circonſtanciée ; nos bonnes Amies, Madame & Mademoiselle De-Lorris, Madame Dulis, & une charmante Inconnue, arrivée depuis deux jours, ſe joignent à moi pour t'y engager. Ne crains pas de faire une longue Lettre ; elles ſont toujours courtes de la part de ce qu'on aime.

Fagnan, Mademoiselle De-Roman-ville, Laure.

C'eſt dans cette confiance, que je vais te faire, avec bien du plaiſir, le tableau que tu as paru desirer de ma conduite en mènage, & du bonheur que me procure mon Mari.

Nous sommes unis depuis un an : mais les choses sont déja sur le même piéd où elles seront dans dix. Mon Mari est un homme-fait, & je n'ai plus de vicissitudes à craindre de sa part. Le premier jour, il m'a dit qu'il m'aimait ; il ne me l'a plus dit ensuite, mais il me le prouve tous les jours. Ce qui fait mon bonheur, c'est particulièrement la confiance que j'ai en lui. Je n'ai jamais la moindre inquiétude, quelleque chose que je fasse : si je fais bien, je suis louée ; si j'ai mal-fait, on m'excuse, & l'on me remontre avec tant de douceur, que je suis quelquefois tentée d'être bienaise de n'avoir pas bien-fait. A tous les instans, j'éprouve la satisfaction intérieure de pouvoir me dire : Je suis unie avecun Homme qui admire le peu d'attraits que le Ciel m'a donnés ; qui ne songe à moi qu'avec un épanouissement de tendresse ; dont toutes les démarches ont ma félicité pour terme : Je suis sûre que par un souris, une caresse je porte la sienne au comble.

Il m'est arrivé plus d'une fois, ma chère Talhi, de suposer à la place de mon Mari un Jeune-homme de vingt ans ; & j'ai senti que je n'avais plus de confiance ; parceque me trouvant autant de capacité qu'à lui, j'avais de ſes lumières la même défiance que des miennes : aulieu de l'indulgence éclairée de M. De-Sac*, je voyais un Mari qui exigeait de moi la perfection : je manquais, & l'on me décourageait, en me reprenant avec aigreur; je répondais de-même; nous nous fâchions, & ces bagatelles ſouvent répétées, fesaient à la fin une bleſſure profonde, dont la douleur devenait inſuportable.

Mais ſi je n'ai plus de viciſſitudes à craindre de la part de mon Mari, j'en ai de la mienne. Il eſt des paſſions involontaires (& je ne crains que celles-là), qui nous ſubjuguent preſque malgré nous. Mais ces paſſions n'entrent dans l'âme que par les ſens : ſi donc je veille bien ſur ces portes de l'âme, je ſerai ſûre de moi-même. En-conſéquence, je n'admets dans notre ſociété, que des Perſones choiſies, toutes mariées; j'ai renoncé aux parties bruyantes, & à toutes celles où mon Mari ſerait déplacé; jamais un Homme de mon âge n'a d'entretien particulier avec moi: je reçois mal les ſimples galanteries d'uſage; en-un-mot je ſuis prude (c'eſt le mot), ſans pourtant être pédante.

A ce propos, je te dirai qu'il y a une Pièce de MOLIÈRE; c'eſt L'ECOLE-DES-MARIS; qui me paraît extrêmement dangereuſe, & très-peu philoſophique. Cette Pièce, moûlée ſur les ADELPHES de Térence, eſt contraire à la maxime ſage, *Qui cherche le péril y périra.* Vous y voyez une Jeune-perſone qui fréquente les bals, les divertiſſemens nocturnes avec de jeunes Muguets, le plus innocemment du monde; qui enſuite épouse un vieux Mari ſans répugnance, &c: ſa Sœur aucontraire, retenue, gênée. . . . . Sans me rendre ici l'apologiſte d'un Jalous, ne puis-je pas dire, que ce qui a perdu Celle-ci, c'eſt l'exemple de ſa Sœur, & la triſte comparaison qu'elle a faite de ſa vie retirée, avec des plaisirs inconnus, qu'elle eſtimait un million de fois plûs qu'ils ne valent; que ſans ſa Sœur, elle aurait été heureuse au ſein de l'innocence.... Mais le ſiècle Louis-XIV était le ſiècle du plaisir & de la galanterie, & MOLIÈRE fesait ſa cour aux dépens des mœurs, en cherchant à tout mettre à l'uniſſon d'un Monarque également favorisé par la gloire & par l'amour*. Il l'a bien corrigé ce prétendu ridicule, & nous en voyons les fruits!

Je finis par ce trait de critique, ma Talhi. Je ſuis heureuse, en ſuivant une route oposée à cette belle ÉCOLE du vice: crois-en mon expérience, plutôt que la morale de Théâtre.

* Ménandre, par ſes ADELPHES, nuisit aux bonnes-mœurs dans Athènes; Térence causa le même mal à Rome en traduisant cette Comédie; & Molière en l'adaptant aux mœurs françaises, leur a porté un coup irréparable.

DIXNEUVIÈME LETTRE.

Réponse de VICTOIRE.

VOTRE caractère m'a toujours répondu de votre bonheur, Madame, & de celui de l'Homme que vous épouseriez. Mais votre vertu n'en brille pas moins. Naturellement gaie, & même un-peu étourdie, nous vous avons vue vous surmonter vous-même, devenir sérieuse, réfléchie, pour vous conformer d'avance au caractère du Mari auquel vous vous destiniez. Ma chère Élise, c'est votre exemple que je suivrai. Mon Mari de son côté se propose d'être l'imitateur de M. Glancé De-Sac*, qu'il considère comme le digne modèle de tous les bons Maris.

A-présent, je vais vous conter ce qu'il vous plaît d'apeler mon Avanture. Effectivement c'en est une, mais qui ne sent pas le Roman.

A la fin du carnaval dernier, nous fumes invités chés un Confrère de mon Père, employé comme lui dans les Bureaux de Versailles. La Compagnie était nombreuse & distinguée, mais toute composée d'Inconnus pour moi. J'y fus cependant accueillie de la manière la plus flateuse; les attentions me furent prodiguées au-point que j'en étais confuse.

Aumilieu de tous ces égards de politeſſe, je démêlai un Homme plus réservé, qui ſe tenait comme à l'écart, & qui paraiſſait plutôt m'obſerver que m'admirer. Son âge était celui de M. De-Sac*; ſa figure était bien; il avait, ou me parut avoir quelques traits de votre cher Mari. C'en fut aſſés pour me faire desirer de le connaître. A table, ſa place ſe trouva vis-à-vis de moi. J'eſpérais qu'il m'adreſſerait la parole, & je comptais bien lui répondre de-manière à le ſatiſfaire: mais je fus ſi obſédée par les Étourdis, que l'Homme raisonable ne trouva qu'une ſeule fois l'occasion de me dire un mot. En-revenge, il ſ'occupa beaucoup de ma Mère; de-ſorte qu'il ſ'établit entr'eux une eſpèce de familiarité. J'en fus ravie; & dès qu'on eut quitté la table, je m'aprochai d'eux. Ma Mère me prit ſur ſes genoux, habitude que lui fait contracter ſon extrême tendreſſe pour moi, & ſe mit à me faire des careſſes. Je les rendais à cette chère Maman de tout mon cœur; lorſque je m'aperçus que l'Homme qui m'intéreſſait détournait ſon visage, pour nous cacher des larmes d'attendriſſement. Je le dis tout-bas à ma Mère.

Vous connaiſſez ſon caractère plein de franchise & de bonté: elle fut vivement émue; & croyant que ce Monſieur avait perdu une Fille de mon âge, dont je lui rapelais le ſouvenir, elle ſe mit à le conſoler, d'après cette idée, qu'elle croyait ſûre. Ses diſcours furent d'abord inintelligibles : mais enfin on la comprit.

—Je n'ai pas perdu un Bien ſi précieux, Madame, répondit l'Honnête-homme; je ſuis garſon, & je ſuis parvenu juſqu'à l'âge de *quarante ans* dans la ferme résolution d'éviter le mariage. Mais à cet âge, & dans le temps où je croyais mon cœur hors des atteintes de l'amour, je vis un jeune Objet qui changea toutes mes diſpositions. Je m'informai de ce qu'était cette belle Perſone; j'apris avec chagrin, que ſa fortune la mettait à-même de choisir entre les meilleurs Partis. Vous la connaiſſez, Madame, car j'ai vu ſouvent votre aimable Fille avec elle: c'eſt Mademoiselle De-Poin**. —Quoi ! mon Èlise! me ſuis-je écriée : elle eſt mariée. —Je le ſais, Mademoiselle, & à un Homme de mon âge, qui peut-être ne ſent pas ſon bonheur, comme j'aurais ſenti le mien. —Oh! comme vous vous trompez! M. De-Sac* l'adore, & elle l'aime de tout ſon cœur : ſi vous ſaviez comme ils ſont heureux! —J'en ſuis charmé. J'avais cru qu'à notre âge, on ne pouvait plus être aimé véritablement. —Pourquoi donc, a dit ma Mère, ſi l'on eſt aimable?

ble? —Mademoiselle ne ferait pas cette queſtion, Madame? —Eſt-il vrai, ma Victoire? —Non, Maman. —C'eſt que tu n'ôſerais : mais ſi je te commandais de nous la faire? —Je vous la ferais. —Non; je ne te demande qu'une réponſe: Crois-tu qu'on puiſſe aimer,... un Mari ſ'entend,... quand il eſt plus âgé que nous? —Il le faut bien, Maman; car madame De-Sac* chérit le ſien—.

Nous nous levames en ce moment; & comme je laiſſais paſſer ma Mère devant moi, mon nouvel Amant (car il l'était) me baisa la main. Je treſſaillis; il falait bien que ce fût de plaisir: cet Homme m'intéreſſait vivement, parce qu'il vous avait aimée: Je me disais tout-bas, qu'un cœur qui ſ'était uni au vôtre, même à votre inſu, devait participer de toutes vos éminentes qualités: en-unmot, j'étais glorieuse d'avoir quelque chose de commun avec vous, de vous reſſembler dans vos goûts, d'être raisonable comme vous, & d'avoir un Mari comme le vôtre. Auſſi je conviens que je vous dois tout, ma chère Èlise; mon bonheur eſt l'image du vôtre; ma conduite, mes vertus, tout cela marche à côté de vous comme votre ombre; & je ne m'en eſtime pas moins.

On ſe ſépara. Huit jours ſ'écoulèrent ſans que j'entendîſſe parler de m. Duſſé. J'étais très-fâchée, & Maman qui s'amusait à me deviner, riait souvent avec mon Père de mes petites inquiétudes. Vous étiez pourlors à la maison de Clichi, & prête à donner le jour à ce charmant petit Poupon que j'ai tant baisé. Je ne pouvais donc ouvrir mon cœur à persone. Un-matin que je regrettais la perte de toutes mes ressemblances avec vous, je vis entrer Maman dans ma chambre avec précipitation, & se jeter à mon cou. —Viens, ma Victoire, viens; il est-là: on va passer le contrat: vous serez fiancés ce soir, & mariés demain—. Je l'entendais à-peine: il me sembla que tout se bouleversait dans la nature, & je fus prête à m'évanouir. Ma Mère continua: —J'ai bien vu ce qui se passait dans ton cœur, mon Enfant; & j'ai dit à ton Père: Il faut la surprendre; il faut surprendre Madame De-Sac*, en menant Victoire toute mariée aprèsdemain à Clichi. Madame De-Sac* est contente de ton Prétendu, ma Fille, & les informations ont été faites par son Mari: elle veut qu'on termine le plutôt possible. Elle revient dans huit jours: mais comme elle ne pourrait pas danser, les divertissemens de la noce sont remis après ses couches, qui seront heureuses, je t'en répons—.

Je fis quelques objections: ma Mère m'emmena: je revis M. Dussé aussi tendre que je le desirais, & nous avons été mariés. Voila bien tout. Si Maman vous a parlé de ma ſurprise, de mes craintes, de mon embarras le jour & le ſoir, dans des termes un-peu forts, vous ſavez comme elle exagère tout ce qui regarde ſa chère Fille : Je ſuis d'une ſi grande conſéquence à ſes yeux, qu'elle groſſit tout ce qui me regarde, & fait un prodige de la moindre bagatelle. Sans vous, j'aurais été un véritable Enfant-gâté.

Je trouve Lyon très-agréable ; la ſociété y eſt charmante ; le ſpectacle bien-monté ; mais il vient de perdre un excélent Sujet, dont la Capitale s'enrichit ; c'eſt le ſieur Larrive, que vous devez avoir déja vu. Nous avons des invitations fréquentes : on me fête ; mais je ne ſais trop ſi l'on doit être content de moi : Vous me manquez ; je le laiſſe voir avant de le dire, &-puis je le dis, le redis, & le répète ſans-ceſſe. Ce qui me rend ſuportable, c'eſt que je ſuis tendrement aimée de mon Mari, quoiqu'il me paraiſſe jalous à l'excès. Je ſais que la jalousie a un bon côté : cependant elle fatigue quelquefois. Aureſte, je ne connais rien de meilleur que votre recette contre cette paſſion, & je l'emploierai. Adieu, ma chère De-Sac*. Si j'en étais la maitreſſe, je ne vous écrirais plus ; nous vivrions enſemble ; & peut-être la chose n'eſt-elle pas éloignée.

CONCLUSION.

LORSQU'IL a été queſtion de donner au Public ce petit Ouvrage, nous nous ſommes particulièrement apliqués à nous aſſurer de la vérité des maximes qu'il tend à prouver; & le résultat de nos obſervations a été,

1, Que les aproches du mariage, & les premiers temps qui le ſuivent, ſont beaucoup plus agréables entre Jeunes-gens:

2, Que bientôt après le mariage, les Époux aſſortis par l'âge, commencent à perdre ce charme qui les a déterminés; que l'ivreſſe qui les avait exaltés ſ'éteint, & qu'à-moins de beaucoup de raison de part & d'autre, le dégoût & la haîne ſuccèdent:

3, Que tout aucontraire, lorſqu'un Quadragenaire épousait une Jeune-perſone, les aproches du mariage étaient moins riantes; mais qu'aubout de quelques mois, on voyait une ſatiſfaction marquée briller ſur le visage de la jeune Épouse; & que Celle qui était aſſés raisonable pour ne chercher ſa félicité que dans ſes devoirs, était plus facilement heureuse, que la Jeune-femme qui avait épousé un Jeune-homme:

4, Nous avons vu que la cause de cet effet, était celle qui eſt exprimée dans l'Ouvrage, ſavoir; Que l'Homme-fait eſt indulgent d'une manière plus éclairée pour ſa jeune Compagne; qu'il eſt plus tendre, quoiqu'il ait moins d'ivreſſe que le Jeune-homme; qu'il n'eſt point volage, & que ſa Femme, aſſurée de ſon cœur, eſt exempte avec lui des principaux chagrins qui troublent les mènages ordinaires.

Outre ces obſervations générales, nous en avons encore fait de particulières ſur les différens états.

Il n'y a rien à dire du premier de tous: Les Épouses des Rois & des Princes ont un ſort règlé part l'étiquette. Les Femmes de la haute-nobleſſe jouiſſent auſſi d'une ſorte d'indépendance, & de nos jours, au moyen des ſéparations de biens par contrat de mariage, elles ſont même à l'abri de la diſſipation. Celles d'un rang audeſſous commencent à participer aux misères de l'humanité; c'eſt principalement à celles-ci, que nous conſeillerions de n'épouser qu'un Homme-fait, en préférant, pour le bonheur, moins d'éclat, & plûs de ſolidité; par-exemple, la Robe à l'Epée &c. Dans les conditions communes, une Femme eſt ordinairment moins heureuse avec un Mari dont le travail conſiſte dans les opérations de l'eſprit: Nous dirons donc, que c'eſt particulièrement avec les Gens-de-lettres de toute eſpèce, les Avocats, les Peintres, les Musiciens, &c, qu'il eſt eſſenciel aux Parens d'attendre, pour donner leurs Filles, que l'Homme ſoit mûri; que ſa maison ſoit faite, & que le premier feu des paſſions ſoit amorti; étant prouvé que ces Gens-là ſont pour l'ordinaire vétillards, fougueux, impatiens à l'excès, fantaſques, bourrus, inconſtans, &c, &c. Dans les pays où les Eccléſiaſtiques ſont mariés, il faut au contraire leur donner une Femme dès qu'ils peuvent la nourrir; la révérence qu'ils doivent à leur état, les mettant tout-de-ſuite au niveau d'un Homme de quarante ans. On doit auſſi marier un Procureur fort jeune; l'état de Célibataire par lui même rend égoïſte & dur; il faut adoucir les Gens de cette profeſſion, qui d'ailleurs ſont malheureusement trop occupés, pour ſe livrer à la diſſipation. Un Marchand devrait ſe marier dès qu'il eſt établi; l'Épouse eſt l'âme d'une maison: mais il eſt quelquefois de la prudence de différer, à-cause du luxe exceſſif des Femmes, qui pourrait culbuter un Commençant. Quant aux Ouvriers, & à toutes les baſſes-claſſes de la ſociété, qui n'ont pas d'héritage à laiſſer à leurs Enfans, l'intérêt de l'Etat doit l'emporter ſur celui de leur félicité; il faut que ces Gens ſe marient de-bonne-heure;

1, Afin qu'ils donnent plûs d'Enfans ; car il eſt utile qu'il en naiſſe beaucoup parmi ceux qui n'ont rien, & qui par-conſéquent ſont obligés d'aſpirer continuellement à un état plus doux que le leur ; ce qu'ils ne peuſent faire qu'en ſervant la ſociété par un travail lucratif : 2, On doit porter les baſſes-claſſes à ſe marier de-bonne-heure, afin que les Parens dans la vigueur de l'âge, élèvent plus facilement leurs Enfans, & puiſſent leur être encore utiles dans les premières années de l'établiſſement de ceux-ci, toujours fort dures à-cause du peu d'avance des Époux, des groſſeſſes de la Femme, &c.

Il ferait encore très-à-propos qu'il y eût une loi qui défendît abſolument aux Gens-riches de mettre leurs Enfans en nourrice chés les Pauvres ; cet usage ne tend qu'à diminuer la population parmi les Laboureurs, & à l'augmenter dans les conditions déja trop nombreuses ; ce qui détend néceſſairement le reſſort ſocial, en laiſſant moins de places à ceux de baſſes-claſſes qui tendent à ſ'élever, & dont les efforts continuels ſont réellement la cause de l'émulation, des découvertes dans les ſciences, les arts, les métiers, &c.

Mais dans ces baſſes conditions même, il eſt vrai de dire, que les Parens qui voudront le bonheur de leur Fille, ne réüſſiront parfaitement qu'en lui donnant un Époux mûri.

On a parlé dans cet Ouvrage, I PARTIE, *page* 43, d'un usage établi chés certains Sauvages de l'Amérique, nommés les OTHOMACOS; il ne peut câdrer avec nos mœurs, mais il n'en indique pas moins la vraie route du bonheur en mènage.

Nous ne nous attendons pas à ranger tout le monde de notre ſentiment : Eh! pourquoi les Jeunes-gens penſeraient-ils autrement que nous n'avons fait nous-même à l'âge de quinze ans ? Nous regardions alors un Homme de *quarante ans*, comme un Vieillard décrépit : ce n'eſt qu'en aprochant de cet âge parfait; ce n'eſt qu'en nous rapelant toutes les folles idées qui nous ont paſſé par la tête durant trente années, que nous nous ſommes convaincu, que le ſeul moyen de rendre les Époux ſolidement heureux, c'eſt d'unir une Jeune-perſone à un Homme capable de la bien gouverner.

FIN.

REVUE DES OUVRAGES DE L'AUTEUR.

Tous les Romans dont on va parler, ont un fond vrai (c'eſt leur principal mérite) qu'on a été obligé d'altérer légèrement, ſuivant que les faits étaient plus ou moins ſuſceptibles d'une aplication trop claire. Mais à-mesure que le temps emporte ces faits particuliers, l'intérêt qui les a fait maſquer diminue, & l'on peut, à certains égards, lever un coin du voile, qui envelope la vérité.

I. LA FAMILLE-VERTUEUSE, IV Parties, Paris, 1767. (*tiré à 2000 exemplaires.*) Ce Roman, qui n'eſt pas traduit de l'anglais, comme le titre l'annonce, présente d'abord l'Hiſtoire véritable d'un Négociant de Lyon, déguisé ſous le nom de ſir Kirch. Henriette, fille de cet Homme, eut réellement de M. Duliſſe une Fille nommée Léonore &c. Les Hiſtoriettes raportées dans ces IV Parties, ſont des Avantures bourgeoises, arrivées à Paris, à l'exception de celle de Laurenza, fille du jésuite Llamas, qui eſt eſpagnole, & que l'Auteur tenait du Neveu de ce Jésuite. Tout l'Ouvrage ne reſpire que la vertu. L'ortographe, qui eſt conforme à la prononciation, fit tort à la vente. (*Il en reſte des exemplaires.*) PRIX, 6 livres.

II. LA CONFIDENCE-NÉCESSAIRE, 1768. II Part. 3 livres. édition épuisée (*tirée à 1500 exemplaires.*) Sous des noms anglais, l'Auteur raconte l'Hiſtoire d'un jeune Bourguignon, qui avait été amoureux de deux Jeunes-perſones en-même-temps. Le Père de celle qu'il devait épouser, voulant ſ'aſſurer laquelle des deux ce Jeune-homme avait aimée véritablement, fait paſſer ſa Fille pour morte, & envoie ſon Fils auprès de ſon Gendre futur, afin qu'ils ſe lient d'amitié; enſuite, il les ſépare, dans la vue de l'engager à écrire ſa Confidence à ſon Ami. Ces Lettres ſont vues par le Père de la Jeune-perſone crue morte, & par cette Demoiselle même. Ce qui les rend encore plus piquantes, c'eſt qu'on offre au Jeune homme ſa Maitreſſe en mariage, ſans la lui faire voir, comme Sœur de celle qu'il a aimée: Il combat longtemps, & ne cède que parceque cette prétendue Sœur eſt du même ſang que ſon *Alice*.

III. LUCILE, OU LES PROGRÈS DE LA VERTU. 1768. 1 liv. 16 ſ. 1 Partie; (*tirée à 1500 exemplaires.*) Cette Brochure eſt l'Hiſtoire en beau de la fuite d'une Jeune perſone de Bourgogne, avec un Amant, commis de ſon Père. On l'a contrefaite en Province. (*Il en reſte des exemplaires.*)

3 liv. IV. LE PIÉD DE FANCHÉTE, OU LE SOULIER COULEUR-DE-ROSE. 1776. II Parties : seconde édition (*tirée à 500 exemplaires : la première edition tirée à 1000.*) Ce petit Roman, qui a eu beaucoup de succès, est l'Histoire de la jeune Marchande de la rue Saintdenis (Madame L······) à laquelle il est dédié. Il est inutile de rien dire de l'intrigue ; elle est fort commune ; mais ce qui la singularise, c'est que tous les évènemens sont occasionnes par le joli piéd de l'Héroïne, & ces évènemens sont très-multipliés : Les trois premiers Chapitres, qui sont une espèce de Préface, ont été goûtés. Cependant feu M. *Fréron* refusa de l'annoncer, comme étant un-peu libre. On l'a contrefaite plusieurs-fois en Province. *La sec. Éd. de l'Auteur en 2 vol. a un* Èpilogue, *qui manque aux autres.*

3 liv. V. LA FILLE NATURELLE. II Part. 1770. (*tirée à 1000 exempl. ; seconde édition en 1774, tirée à 500, & augmentée de plus de 60 pages d'impression.*) C'est le sujet le plus heureus & le plus simple que l'Auteur eût encore traité. Un Homme, revenu des Iles, où il avait fait fortune, rencontre une Jeune Enfant qui lui demande l'aumône : Touché de ses grâces naturelles, & voulant la préserver d'une corruption inévitable, il en prend soin. Quelques années après, lorsque la beauté de la Jeune-persone est dévelopée, il veut connaître son origine, & se propose de l'épouser. A force de recherches, il rencontre une pauvre Demoiselle, ancienne Compagne de la Mère de la Jeune-fille ; il se fait raconter l'histoire de sa naissance, & d'après ce Récit, le Bienfaiteur de l'Orfeline se trouve son père. L'Avanture à laquelle cette Enfant devait le jour, avait été la cause du séjour forcé que son Père avait fait en Amérique ; il ignorait même, lorsqu'il était parti, que sa Maitresse dût être mère, &c. Sa conduite passée, fait que ses Parens, qui vivaient encore, ne voient pas tranquilement chés lui une Jeune-persone toute-belle ; ils vont le trouver, pour lui faire des remontrances, & chasser cette nouvelle Maitresse : C'est en ce moment que D'Azinval leur aprend que Marion est sa Fille : cette Jeune-persone qui l'ignorait encore, se jette dans les bras de son Père ; & cette reconnaissance touchante rend tout le monde content ; puisque la *Fille naturelle* épouse D'Orbigni, neveu de son Père. *Fréron* a loué cet Ouvrage. (*Il en reste à-peine dix exemplaires.*)

6 liv. VI. L'ÉCOLE DE LA JEUNESSE, OU LE MARQUIS DE T***, IV Parties. 1771. (*tirée à 1000 ; épuisée*). C'est l'Histoire d'un jeune Gentilhomme, bien élevé par son Père, qui se corrompt entre les mains d'Instituteurs mercenaires. Cet Ouvrage est le premier Essai de l'Auteur pour un *Nouvel-É-*

mile auquel il travaille; il ne le jugea pas digne de ce titre. Il y a de bon, certains détails, & l'*Epître dedicatoire*.

VII. LETTRES D'UNE FILLE A SON PÈRE, ou ADÈLE DE COMMINGES, v Parties. 1772. (*tirées à 1250*). 8 liv.

Adèle de Comm•• écrit à son Père, qui vient de partir pour la campagne de *1757*. Il serait trop long de donner l'analyse de cet Ouvrage, qui est l'Histoire vraie de Mlle de C•••, fille naturelle du dernier Prince de C•••, faiblement déguisée. Les III premiers Volumes, & le commencement du IV contiennent l'Histoire d'Adèle & de sa Mère; le reste du IV Tome est rempli d'Historiettes détachées, racontées par les Personages du Roman, écrites chacune dans leur manière. Le V Tome renferme des Pièces qui n'ont aucun raport à l'action, mais qui seulement ont été citées par les Personages. Telles sont,

La-Cigale-&-la-Fourmi, fable dramatique.

Le-Jugement-de-Paris, Comédie-Ballet, destinée pour un Théâtre particulier d'Enfans, où elle a été jouée.

Une *Apologie* de l'*Ambigu-comique* du sieur *Audinot*.

Un *Conte* en vers, peut-être trop libre, intitulé, *Il recule pour mieux sauter*, ou mieux, *Le Carrosse-de-voiture*.

Enfin, un *Contr'avis aux Gens-de-lettres*, pour répondre à l'*Avis aux Gens-de-Lettres* de M. DE-FALBAIRE.

(*Il reste quelques exemplaires de cet Ouvrage.*)

VIII. LA FEMME, DANS LES TROIS ÉTATS DE FILLE, D'ÉPOUSE ET DE MÈRE. 1773. III Parties. (*tirée à 1000 exemplaires; édition épuisée.*) La *Première Partie*, intitulée, LA FILLE, présente l'Héroïne dans ce premier état, dont on détaille historiquement les dangers & les avantages. Il y a un Chapitre, *Regime*, qui a beaucoup contribué au succès de l'Ouvrage. La *Seconde Partie*, LA FEMME, est la mieux faite, à l'exception des trois ou quatre derniers Chapitres: elle est pleine de gaîté, par le caractère singulier de la Bellesœur de l'Héroïne, qui anime tout. La *Troisième Partie*, LA MÈRE, expose la conduite d'une bonne Mère-de-famille, & peint tous les différens caractères que peuvent avoir les Enfans. 3 liv. 12 s.

IX. LE MÈNAGE PARISIÉN, ou DÉLIÉE & SOTENTOUT, II Part. 1774. (*tiré à 1250; épuisée*). Ouvrage manqué, quoiqu'il y ait d'heureus détails, & que l'idée en eût ri à l'Auteur, de-manière à lui persuader que ce serait sa meilleure Production: mais avant même que de le livrer à l'impression, il l'aprécia ce qu'il valait. Les *Notes* critiques qui le terminent, en firent suspendre la vente. Elles sont assés considérables. 3 liv.

X. LES NOUVEAUS MÉMOIRES D'UN HOMME- 3 liv.

DE QUALITE, II Parties. 1775. (*tirés á 750*). Ces Mémoires sont l'Histoire véritable d'un M. D'ARMANTIÉRES. L'idée n'en est pas en entier de l'Auteur; M. *Ma-ch-nd*, C. R. a fourni le I Vol., à l'exception de l'Histoire de ZOÉ, & les 25 premières pages du II Vol. On trouve à la fin de ce Roman, une Pièce tout-à-fait originale, intitulée, *THÈSE DE MÈDECINE SOUTENUE EN ENFER*, & une *LETTRE D'UN MORT A SON MÈDECIN*; relatives à l'affaire odieuse que la Faculté a suscitée à M. DE PREVAL, un de ses Membres les plus respectables, & certainement le plus utile, par l'efficité & la commodité de son Remède anti-vénérien : Cet illustre Mèdecin y est vengé avec les armes de la raison, & le sel du ridicule. (*Il en reste quelques exemplaires*).

3 liv. 12 s. XI. LE FIN-MATOIS, OU HISTOIRE DU GRAND-TAQUIN, traduit de l'espagnol de *Quevedo*, III Parties 1775. (*tiré á 1500 exemp.*) Cette traduction est de M. D'HERMILLY, C. R. il n'y a de l'Auteur, que la Préface, les Notes, & la III Partie en entier, l'Ouvrage de *Quevedo* finissant à l'embarquement de son Héros pour les Indes. Le Libraire *Costard* a changé le titre à 500 exemplair. en celui de l'*AVENTURIER BUSCON*, premier titre de *Quevedo*. (*Il y a beauc. d'exemp.*)

6 liv. XII. LE PAYSAN PERVERTI, &c. (*tiré á 3000, outre 6 contrefaçons en province durant 1776.*) Si le digne Fils du grand CRÉBILLON avait vécu, il se proposait d'aider l'Auteur de ses conseils pour refaire cet Ouvrage, & le rendre digne à tous égards de l'attention du Public. Il est en VIII Parties.

8 liv. XIII L'ÉCOLE DES PÈRES, III Volumes, Paris, veuve *Duchêne*, 1776. (*tiré á 1500 exemp*) Cet Ouvrage est bien supérieur à l'*École de la Jeunesse*, publiée cinq années auparavant. Il serait à souhaiter qu'il fût entre les mains de tous les Pères & Mères, qu'il ne pourrait qu'éclairer sur la manière d'élever leurs Enfans, pour en faire de bons Citoyens. Le but que l'Auteur s'est proposé dans ce Livre, est de faire sentir à tous les Instituteurs, combien il serait utile de faire passer les Enfans des Riches par les différens états audessous de celui qu'ils doivent tenir dans le monde. Il prouve que c'est le seul moyen de mettre les Grands à-portée de bien gouverner, & de rendre heureus ceus qui doivent dépendre d'eux, soit comme maîtres ou Seigneurs particuliers, soit comme Ministres du Prince. On trouve, au commencement du II Volume, un petit Traité historique de l'Éducation des Femmes, absolument neuf. Les connaissances physiques les plus saines, sont répandues avec profusion dans tout cet Ouvrage, sur tout dans le III Tome, après l'*Histoire du Marquis de T****

XIV. LE QUADRAGENAIRE, OU L'AGE DE RENONCER AUX PASSIONS. 1777. II Parties, *avec figures.* *C'est le nouvel Ouvrage.* 5 liv. 4 s.

C'est ici un Ouvrage de sentiment & de conviction intime, que l'Auteur a composé d'après l'expérience. En général, les Hommes se marient trop jeunes dans les Villes, ou croient trop-tôt avoir passé l'âge du mariage. Ils sont entretenus dans cette fausse idée par une foule d'Ouvrages soit Dramatiques, soit du genre des Contes ou des Romans, qui s'accordent tous à dire une vérité physique, savoir, qu'IL FAUT UNIR LA JEUNESSE A LA JEUNESSE, mais qui n'est pas toujours une vérité dans le moral & le politique. En effet, souvent le mariage est impossible à des Hommes occupés à se faire un état, qui n'y parviennent qu'après de longs travaux, & par des profits lentement accumulés. Est-ce bienmériter de la patrie, que de dégoûter ces utiles Citoyens du lien conjugal, en les effrayant par le ridicule, & la crainte de quelque chose de pis? .... C'est néanmoins ce que l'on fait tous les jours. Ne serait-il pas plus sage, plus digne d'Écrivains qui jouissent de la glorieuse qualité de Précepteurs du Genre-humain, de répandre dans le Public des maximes qui disposassent insensiblement les Femmes à prendre des idées saines de leurs devoirs? à se renfermer dans les soins du mènage? à laisser au premier-sexe des occupations & des *acquises*, qu'il serait nuisible au Genre-humain que les deux sexes eussent également? Qu'on y prenne garde: de ce qu'une Duchesse, une Marquise, & quelques autres Femmes riches, peuvent, sans de grands inconvéniens, s'apliquer aux sciences des Hommes, il ne s'ensuit pas qu'il faille y porter tout leur sexe: loin de là; comme l'exemple des Persones distinguées est toujours contagieux, l'on doit interdire aux Duchesses, aux Marquises, &c, ce qui deviendrait nuisible aux Femmes des classes inférieures. Les minces avantages que pourrait retirer une Particulière, qui aurait des dispositions heureuses & du temps de reste, doivent toujours être sacrifiés au bien public.... Mais nous sommes dans le siècle de l'inconséquence & de la déraison. Ce qui n'est pas dit par mauvaise-humeur. Les Maris souffrent, ils voient le mal, & nôsent se plaindre: ou s'ils le font, c'est d'une manière particulière; ils attaquent personellement leur Épouse; ils accusent son esprit, son cœur, son caractère Eh! prenez-vous-en à l'éducation publique, à vous-mêmes, Homes pusillanimes!...

Nous avons dit, qu'*unir la Jeunesse à la Jeunesse, n'était pas toujours une vérité dans le moral & dans le politique, quoique ce fût une vérité physique.* Mais cette dernière assertion n'est pas à beaucoup près générale, en France, dans nos provinces ſeptentrionales, où la plupart des Femmes ſon froides. N'eſt-il pas certain, que par-raport au grand nombre, avec une bonne éducation précédente, & l'attention de les préserver de la familiarité de nos jeunes Colifichets & de nos vieus Célibataires, le mariage le plus à-propos, eſt un mariage de raison? Ne ſeront-elles pas heureuses avec un Homme mûr, ſi, aulieu des principes d'indépendance qu'on leur donne actuellement, on les pénètre de reſpect pour leur Mari & le lien conjugal? Devenues mères, avec ces nouveaus principes, elles ſeront ſédentaires, parcimonieuses, uniquement occupées de leurs Enfans & de leur Mari. L'Épous mûr, naturellement doit être complaisant pour une Jeune-femme; il eſt naturellement économe, apliqué, ennemi de la diſſipation: la Jeune-épouse coulera des jours paisibles, ſes Enfans ſeront bien élevés, & ſûrs d'un bon établiſſement; ce qui eſt la courone de la vie pour des Parens honnêtes.

C'eſt en faveur de ces importantes vérités qu'on a composé le *QUADRAGENAIRE*: mais ce but n'eſt pas le ſeul: On a prétendu faire entendre aux Agréables, qu'à l'âge de *40 ans* ils doivent renoncer à leurs prétenſions, & revenir de leur ivreſſe; ſ'ils ne veulent pas que le mépris & le perſiflage amèr flétriſſent les myrthes & les roses dont leur front eſt couroné. Si le vice a pu leur faire illusion dans la jeuneſſe, cette illusion ceſſe pour le *Quadragenaire*; la vertu ſeule, l'union reſpectable des Épous, ayant pour base les avantages ſolides de la raison, l'arrangement des affaires, peuvent lui procurer un bonheur réel & durable. Mais (& on ne peut trop le repéter), ſi le Genre-humain veut être heureus, qu'on réforme l'éducation des Femmes. On ſe ferait étendu ſur cette matière, ſi le III Volume des *Idées ſingulières*, qu'on vient de publier, au commencement de 1777, intitulé les *Gynographes*, *ou la Femme reformée*, ne la traitait amplement. On dira ici, que cet Ouvrage utile, & peut-être trop fort pour le ſiècle, ſe vend très-lentement; qu'il a révolté les Femmes, & les Corrupteurs des Femmes encore plus que les Femmes elles-mêmes: De-ſorte qu'on peut dire, que le peu de ſucès de cette production patriotique, eſt autant l'effet de l'extrême corruption des mœurs, que des fautes que l'Auteur peut y avoir faites.

Le *QUADRAGENAIRE* eſt par Lettres. Après un court *Avant-propos*, qui indique le ſujet de l'Ouvrage, commence la *Correſpondance* d'une *Jeune-perſone* raisonable, avec un *Homme âgé de 40 ans*, dont elle desire de devenir l'épouse. Dans les premières *Lettres*, elle laiſſe entrevoir modeſtement & peu à-peu ſon intention: Mais dès qu'elle eſt ſuffisamment connue, elle emploie tous les moyens, pour déterminer un Homme ſenſé, timide, & qui connaît trop bien ſon ſiècle, pour vouloir hasarder le bonheur de la Fille d'un Ami, & le ſien propre, par un imprudent mariage. Élise (c'eſt le nom de la Demoiselle) lui cite l'exemple d'un *Homme de 45 ans*, qui a vécu heureus avec une jeune Épouse de *15 à 16*.

Mais loin que cet exemple, connu du *Quadragenaire*, le détermine au mariage, il ne répond que pour en citer un tout contraire, qu'il intitule, *L'eſtime n'eſt pas de l'Amour.*

Élise replique par un autre Exemple, d'une Jeune-perſone, âgée d'environ dixhuit ans, qui ſ'eſt laiſſée toucher par les *Lettres d'un Homme de quarante ans*, fort laid, & qu'elle n'avait jamais vu. Cette Hiſtoire a pour titre, *L'Amour par Lettres, ou l'Amant invisible.* La Demoiselle, qui a épousé ſon Amant, eſt parfaitement heureuse.

A cet Exemple, dont le *Quadragenaire* ne peut révoquer en doute la vérité, il en opose un bien plus frapant, puiſque c'eſt l'Hiſtoire des Parens d'Élise elle-même, dont il a ſoin de lui déguiser les noms.

Cet Exemple horrible des funeſtes effets d'une paſſion involontaire, effraye Élise : mais ſûre de l'honnêteté de ſon cœur, elle perſiſte, & cite le Théâtre même en ſa faveur.

Le *Quadragenaire* lui repart ſur le même ton; il ſ'apuie d'un article du *Journal-Anglais*, & d'autres traits pris ailleurs.

Élise revient à la charge, & fait une vive ſortie contre les Jeunes-gens de notre ſiècle. Enſuite elle raconte, en tendant toujours à ſon but, l'Anecdote d'une jeune *Juive*, qui vient de ſe faire chretienne, pour épouser un Homme de ſa nation, converti auparavant, & preſque-*quadragenaire*. Cette Anecdote, intitulée *L'Amour Juif*, conſiſte dans les *Lettres* des deux Amans, qui ſont vraiment originales.

Le *Quadragenaire*, prêt à ſe rendre, veut auparavant être parfaitement connu d'Élise : Il lui fait ſon *Hiſtoire*, où il ſe représente avili, deshonoré, privé de ſa liberté par une indigne Épouse. Son but eſt de voir, ſi par-là il ne diminuera pas la haute idée qu'Élise a prise de lui: *Voulez vous encore d'un Mari qui a paſſé pat de ſemblables épreuves ?* (lui dit-il.)

Mais comme cela pourrait ne pas ſuffire, dans la *Seconde Partie* de ſon *Hiſtoire*, il découvre à Élise, qu'il a une Fille tendrement aimée, & qu'il eſt chargé d'une Autre qu'a eue ſa Femme. *Mon cœur ſera partagé* (obſerve-t il.) Élise, en fille ſenſée, perſiſte dans le plan de conduite qu'elle ſ'eſt tracé : elle épouse le *Quadragenaire*, dont elle ne peut douter qu'elle ne ſoit adorée, & elle eſt heureuse avec lui, en continuant d'être raisonable ; c'est-à-dire en se circonscrivant dans les soins de son mènage, en fermant l'oreille & l'entrée de sa maison aux jeunes Muguets, & à tout Être inutile.

L'Ouvrage est terminé par une revue très-abregée des différens états, dans laquelle on se propose d'éclairer les Parens, sur celui qu'ils doivent préférer pour s'y choisir un Gendre. Cette revue est la suite naturelle du *Discours* qui a servi d'*Introduction*.

Projets. 4 liv. 16 s. *chaque vol.*

IDÉES SINGULIÈRES, Tomes I, II & III. *in*-8°. Ce grand Ouvrage doit avoir six Volumes, dont il y a déja 3 de publiés. Le I est LE PORNOGRAPHE, ou IDÉES D'UN HONNÉTE HOMME, SUR UN PROJET DE REFORMATION POUR LES PROSTITUÉES. 1769. (*tiré a 2000*. Cet Ouvrage, rempli de vues utiles, est divisé en II Parties : la I comprend le *Projet de Règlement*, soudivisé en plusieurs Titres, & en LXVI articles. La II est composée de *Notes historiques & justificatives* fort étendues, dans lesquels on montre 1, les abus révoltans de ce vil état ; 2, que la Reforme annoncée existe dans certains pays, à peu-près comme on propose de l'effectuer. Ce Volume a près de 600 pages., & le débit en a été rapide, malgré les contrefaçons de province. (*Il ne reste plus que des exemplaires de la contrefaçon de La-Haie, avec laquelle seule cådrent les renvois des* GYNOGRAPHES.) *Pornographe* signifie, *Écrivain sur les Filles-publiques.*

II. LA MIMOGRAPHE, ou IDÉES D'UNE HONNÉTE-FEMME, SUR UN PLAN DE REFORMATION DU THÉATRE-NATIONAL. 1770. Le titre signifie, *Écrivain sur les Comédiens.*

Voici les différens Jugemens qu'ont porté des deux Projets du PORNOGRAPHE & de la MIMOGRAPHE, les Auteurs des Ouvrages périodiques de France :

M. FRÉRON, *Ann. Litt.* 1769, en rendant compte du PORNOGRAPHE n'en a pas saisi l'esprit. A la suite d'une Analyse assés mal digérée, & que sans-doute il n'a pas faite, on dit que l'*érudition* du PORNOGRAPHE *en matière de Prostitution est assés étendue.* Il avait tort ; elle était très-bornée lors de la première édition. *Il se fait beaucoup d'objections, auxquelles il ne répond pas toujours d'une manière satissesante.* C'est assés, si elles le sont quelquefois pour un Critique aussi sévère que M. F**. Passons aux Analyses réunies, communes aux deux Ouvrages.

[illegible] Universelle de Littérature, 1770. n° [illegible] p. 67.

« Un Ecrivain anonyme qui a beaucoup d'esprit, & beaucoup d'*Idées singulières*, publia en 1769 le PORNOGRAPHE, *ou Idées d'un Honnête-homme sur un Projet de Règlement pro-*

pre à prévenir les malheurs qu'occasionne le publicisme des Femmes, avec des Notes Historiques & Justificatives. C'est ce même Auteur qui publie aujourd'hui LA MIMOGRAPHE, *ou Idées d'une Honnête-femme pour la réformation du Théâtre.* Ses vues sur les abus & les inconvéniens des Spectacles, les Défauts de l'action théâtrale, la Déclamation, le Costume, les Caractères du Tragique & du Comique, sont en-général pleins d'esprit & de goût. L'érudition est prodiguée dans les Commentaires & dans les Notes : mais son Ouvrage ressemble à un bel édifice démoli. Tout y est confus, desordonné.... & l'affectation outrée de néologisme en défigure le style. [L'esprit & l'érudition sont répandues dans les Notes de cet Ouvrage (*la Mimog.*) le Lecteur pourra les parcourir, ou pour s'instruire ou pour s'amuser. [L'Ouvrage est accompagné de Notes & d'observations qui instruisent & amusent en-même-temps par l'érudition dont elles sont remplies, & par la gaîté avec laquelle l'Auteur se livre à ses idées. [Cet Ouvrage est le Tome II des IDÉES-SINGULIÈRES, dont le I parut l'année précédente, sous le titre du PORNOGRAPHE : les Notes sont un fort bon Répertoire d'idées & de faits littéraires sur la matière des Représentations scéniques. L'Auteur est de tous les Hommes-de-lettres qui sont actuellement en France, celui qui se singularise le plus par une imagination extraordinaire... Ses idées, la forme qu'il leur donne ne sont qu'à lui. Cette Analyse, qu'on peut lire en entier à l'endrait cité en marge, n'est sûrement pas de M. FRÉRON, mais de quelqu'un des Sousauteurs qui exercent leur malignité sous son nom : le Lecteur en va juger : Il y a dans la MIMOGRAPHE, comme dans le PORNOGRAPHE, un Règlement par articles, où est détaillé tout le Plan de Réformation ; l'Analyseur en parle : Ensuite, 300 pages après, le Rédacteur de l'Ouvrage dit, à la fin des Notes, que *de deux choses l'une ; ou qu'il faut exécuter le Règlement de la* Mimographe, *le Théâtre ne pouvant subsister tel qu'il est sans trop de danger pour les mœurs ; ou en adopter un entièrement oposé, qui aulieu d'honorer le Théâtre, le dégrade absolument*, &c : Le Lecteur le croira-t il ? c'est de ce *Contre-Règlement du Rédigeur des Notes*, que le Souscritique a choisi l'*Article* (qu'on avait rendu exprès le plus révoltant & le plus odieus pour faire mieux sentir l'oposition) par lequel il prétend *donner une idée du Projet, de la manière, & du style de* LA MIMOGRAPHE ! C'est *ânerie* ou *mauvaise-volonté*. Or, comme chacun sait, M. FRÉRON n'est ni *âne* ni *méchant* : Donc ce n'est pas lui qui a fait l'analyse ; Donc ces gentilles, ces élégantes exclamations, cet agréable persiflage qui en égayent le commencement, ne sont pas de lui.

Mercure, 1770, *Octob.* 2 *vol.* p. 99.

Avant-cour. 1770 n. 33, p. 524.

Ann. Litt. 1770, *T. IV*, p. 345.

Affiches, Annonces, &c. 1770, Mai, n, 18, p. 70.

[Le fond de cet Ouvrage (*la Mimog.*) eſt rempli de recherches, de vues neuves, dont quelques-unes excellentes, d'obſervations très justes, & même aſſés fines, de jugemens ſur plusieurs Pièces de Théâtre.... En-un-mot, c'eſt un bon répertoire d'idées & de faits litéraires ſur tout ce qui apartient au Théâtre.... Tous les abus & les inconvéniens des Spectacles, les défauts de l'action théâtrale, les geſtes à-reſſort des Acteurs, l'excès intolérable & ridicule des aplaudiſſemens achetés ou volontaires, la meſquinerie des Décorations, le coſtume faux ou négligé, les caractères différens des deux genres Tragique & Comique, dont on exclut la Comédie-Ariète; ſont bien obſervés, bien vus, diſcutés avec eſprit, avec goût... Mais ce qu'on ne paſſera guères à l'Auteur, c'eſt l'affectation de néologiſme: ce ſont tous ces mots nouveaus qu'il ſ'eſt avisé de créer: *Honeſter* une profeſſion, *inconvénienter*, *desinconvénienter*, l'*actriciſme*, *laideur impreſſionante*, *ſérieuser les mœurs*, le *comédiſme*, ſyſtème *comédiſmique*, & beaucoup d'autres, dont on ferait une longue liſte.

Journ. Encyclopéd. 1770, T. III, Part. 3, Mai, pag. 471.

[Cet Ouvrage (*la Mimog.*) peut ſervir de pendant, & même de ſuite au *Pornographe*, dans lequel l'Auteur a proposé de réünir dans un Maison-publique, bien adminiſtrée, toutes ces Malheureuses dévouées aux plaisirs & au mépris du Public, de les aſſujétir à un Règlement, &c.

Id. T. VII, Part. 2, Oct. p. 247.

[C'eſt bien autre chose vraiment que des Idées vagues! voici un Projet très-réflechi de Reformation totale du Théâtre, que cette Femme honnête propose, dans un Ouvrage qui contient d'excélentes vues & de très-ſages réflexions... A la ſuite des Règlemens que la *Mimographe* propose, on trouve un *Abregé hiſtorique & critique*, très-bien fait & très-bien exécuté de la *Profeſſion théâtrale, depuis l'inſtitution du Théâtre, juſqu'à nos jours.* La II Partie renferme d'excélentes *Réflexions ſur le Comique en particulier, ſur la Tragedie, l'Opera, les Pièces mêlées d'ariettes, & ſur l'Opera-comique....* Les différens ſujets que l'Auteur parcourt à cette occasion, ſont traités avec beaucoup de goût, ainſi que tout ce qui a du raport avec le *Plan de Reformation;* l'ingénieuse *Mimographe* a l'art de rendre intéreſſans tous les ſujets qu'elle présente ou qu'elle conſidère, & ſur-tout de cacher avec beaucoup d'adreſſe ſes profondes connaiſſances ſur tout ce qui eſt relatif aux Théâtres ancien & moderne: en-un-mot, ſon Plan nous a paru beaucoup audeſſus des *Idées* publiées par *Riccoboni* ſur le même ſujet, & renfermer des vues plus étendues & plus patriotiques. (*Tiré à 2000 exemplaires, dont il ne reſte que ceux repartis dans la Librairie.*)

III. LES GYNOGRAPHES, ou IDÉES DE DEUX HONNÊTES FEMMES, SUR UN PROJET DE RÈGLEMENT PROPOSÉ A TOUTE L'EUROPE, *pour mettre les Femmes à leur place, & opèrer le bonheur de deux sexes : avec des Notes historiques & justificatives ; suivies des Noms des Femmes célèbres, recueillis par N. E. Rètif-de-la-Bretone.* Paris, *Humblot.* Le titre est composé de deux mots grecs, *gynê*, femme, & *graphòs*, écrivain. Les Personages sont les mêmesque dans le I & le II Volume : madame *Des-Tianges* & madame *D'Alzan* sont à Paris ; madame *Des-Arcis*, leur amie, est en Poitou. 1777.

Dans ce III Volume, on ne propose rien moins qu'une Réforme générale des mœurs. Après quelques Lettres préliminaires, une des Dames Gynographes entre en matiére, & traite dans le I §, *De l'importance de l'Éducation des Femmes.* V LETTRE.

Dans le II §, elle parle *Des Abus actuels dans la manière d'élever & de considerer les Femmes.* VII LETTRE.

Dans le III, *Des moyens de reformer tous les Abus de l'Éducation des Femmes, & de les mettre dans une position à faire le bonheur général.* Les Dames Gynographes donnent ici leur *Projet de Règlement*, que sa vérité, plutôt que sa singularité, rend extrêmement piquant. Il est divisé par Titres & par Articles, ccomme celui du I Tome. Le I Titre concerne *les Filles*, & contient 38 Articles ; le II traite des *Jeunes-femmes*, en 33 Articles; le III & dernier regarde les *Femmes-faites ;* ce qui conduit jusqu'au 92 article, dernier du Projet de Règlement. M. *Des-Tianges* & M. *D'Alzan* voient cet Écrit, & tous-deux en apuient les principes par des raisonnemens, qui se trouveront dans la XI Lettre. IX LETTRE, PROJET.

Les *Réponses* que fait à ses Amies la jeune madame *Des-Arcis*, contiennent toutes différens traits historiques, relatifs aux Lettres qu'elle en a reçues: Il y a huit de ces *Nouvelles.*

Dans la XIII Lettre, les Dames Gynographes traitent de *la Beauté* [A]: ensuite elles parlent de *l'Amour* [B], d'après leurs Maris, qui envisagent cette passion sous ses principaus raports. Il était question dans ce dernier article de *la monogamie* & de *la polygamie ;* mais on a réservé cette discussion pour l'ANTHROPOGRAPHE, ainsi que tout ce qui regarde la génération.

Dans la XV Lettre, il est question *du Mariage* [C] ; l'on y passe en revue les usages de tous les Peuples du monde.

La XVI Lettre traite *De la Soumission naturelle du Second-sexe envers le Premier* [D] ; *De la Fidelité* [E]; *De la Jalousie* [F] ; *De la Coquetterie* [G] ; *D'un Tribunal des Femmes* [H] ; enfin *Du Luxe* [I]. Ces Notes ont près de 400 p.

Dans la XVII Lettre, madame *Des-Arcis* dit quelque chose *De la destination des Femmes.*

Tout ce qui demandait à être traité avec étendue, est discuté dans les *Notes*, qui forment la *Seconde Partie*, comme dans le I & le II Volumes. Elles sont remplies d'une foule de traits historiques, d'exemples, d'anecdotes, &c, relatifs à la manière d'être des Femmes, dans les 4 parties du monde.

Ce III Volume est d'une utilité beaucoup plus générale que les II qui l'ont précédé : la marche y est aussi plus méthodique & plus claire. Le Rédacteur a pris la liberté d'y corriger le néologisme, tant reproché au II Tome. Ce n'est pas qu'il le desaprouve, lorsque les mots sont agréables, d'une expression heureuse, & si faciles, qu'on les entende tout-d'un coup : mais quand on écrit pour le Public, on n'est pas toujours le maître de suivre son goût, ni même ses lumières.

Le IV Tome suivra de-près ; il sera intitulé, L'ANTHROPOGRAPHE, OU L'HOMME REFORMÉ : ce sera comme le complement du III Volume ; l'Homme & la Femme ne pouvant être reformés l'un sans l'autre.

Il n'est peut-être pas hors de propos de prévenir encore, qu'il y aura un V Vol., intitulé, LE THESMOGRAPHE, où il sera question *Des Lois* ; Que LE GLOSSOGRAPHE, VI Tome, contiendra une Reforme raisonnable de notre *Orthographe*, qui fixe à jamais la belle prononciation, & la rende facile aux Étrangers ; Qu'on y traite de tous les défauts de notre Langue, & des moyens de les corriger ; Qu'on y décompose une partie de nos mots, pour en trouver le sens primitif, & qu'on met le Lecteur à portée d'achever cette opération sur les autres ; Qu'enfin on y donne une Notice de tous les *Patois* en usage en France, dont on suit les nuances imperceptibles. Quelqu'aride que paraisse cette matière, l'Auteur la traitera d'une manière philosophique & curieuse : il fait passer dans les Notes toutes les Langues en revue, donne leur histoire, invente une sorte d'écriture universelle, propre à peindre aux yeus un discours, que toutes les Nations pourront lire chacune dans leur langue ; indique la manière de noter la Déclamation, &c. (*Il y a huit ans que l'Auteur s'occupe de cet important Ouvrage, qui exige des voyages & des dépenses au-dessus de sa fortune. Les Romans intermédiaires qu'il se permet de composer sont un délassement & un moyen de subsistance*).

Tous ces Ouvrages se trouvent chés le Libraire du QUADRUMANE.

F I N.

www.ingramcontent.com/pod-product-compliance
Ingram Content Group UK Ltd.
Pitfield, Milton Keynes, MK11 3LW, UK
UKHW020544180726
13838UKWH00001B/25

9 782329 456973